Commandos Marine

MANUELLE CALMAT

Commandos Marine

Des hommes au cœur des tempêtes

DOCUMENT

J'AI LU

Pour Mathilde et Igor

À L'ÉCOLE DES BÉRETS VERTS

Le feuillage frémit sur l'autre rive de la cuve sèche. Une poussière de mousse s'échappe du talus. Puis, plus rien. Le lieutenant de vaisseau Ludovic Robin a juste eu le temps de le voir décamper. En l'espace d'un craquement de brindille, l'ombre furtive s'est évanouie dans la nuit. L'étranger s'en est allé. Lassé par les plaintes, les éclats de voix qui s'échappent de cette fosse aux ours profonde d'une vingtaine de mètres, ancien réservoir de carburant construit par la Marine entre les deux guerres. Robin est venu observer ces rescapés qui entament la phase terminale, dernière partie d'un stage de trois mois de mise à l'épreuve. Quelques silhouettes tournent en rond, çà et là, quand d'autres ne résistent pas à l'appel du sommeil. « Lire dans le regard de son ennemi… » se souvient le lieutenant de vaisseau Robin, officier opérations au Commando Jaubert venu repérer ces jeunes engagés dont certains rejoindront peut-être son unité dans quelques jours. « Il s'est fait la malle, à ses yeux, les jeux sont faits », suppose-t-il. Un mois avant le premier matin des parcours, Robin avait repéré ce chat sauvage aux allures de renard, tapi dans l'ombre au milieu des vestiges d'un bâtiment trop abîmé pour que l'on devine son passé. Une ferme, ses dépendances, une geôle ? Nul ne sait. Des pans de murs épais et rongés par le temps abritent désormais le parcours « assaut » de l'École des Fusiliers marins et des Commandos Marine. On y teste l'agilité et l'audace des candidats au béret vert. Lancement de grappin, pas-de-géant, passages de poutres, saut dans le vide, tout cela sans une seule erreur, car sans assurance, la chute peut être lourde de conséquences. Les premiers temps, l'étranger décampait au moindre bruit. Jour après jour, ils se sont apprivoisés jusqu'à échanger quelques regards malicieux. Curieux l'un et l'autre de compter les abandons et les renversements de situations. De cent vingt-six, ils sont descendus à soixante dès la première semaine, et puis, petit à petit, certains ont dû abandonner après une blessure, d'autres ont tourné les talons, préférant le ronron d'un doux foyer à la dure réalité de l'inconfort. Robin balaie la cuve du regard, il ne distingue rien, mais entend tout. « Quel vacarme ! s'amuse-t-il. S'ils continuent comme ça, ils ne vont pas tarder à avoir la visite des instructeurs. » Au fond du trou, la douzaine d'âmes subit plus qu'elle ne s'organise. « C'est maintenant que ça va devenir très intéressant », entend Robin chuchoter tout près de lui.

— Carlos !

— Alors, Capitaine, vous êtes venu voir ce que donne votre poulain ?

— Il est bien parti, non ?

— J'avoue.

— Me dis pas que tu ne l'as pas repéré ?

— J'ai pas dit ça… s'amuse Carlos.

— Alors ?

— Il fait pas de la merde, ça c'est sûr...

— Mais ?

— Bah... je m'interroge encore sur sa moelle.

— Qu'est-ce que tu vois ?

— Sinon quelques failles, du moins quelques fêlures par-ci par-là. C'est sûr... Mais plus on a de fêlures...

—... plus on voit à travers !

— Je vois qu'on est de la même école, Capitaine ! Passées les sélections et à ce stade du stage, c'est l'opacité qui m'aurait plus gêné. Là je vois assez bien à qui j'ai affaire...

— Et puis une fêlure, ça se répare, tu as raison, Carlos...

— Surtout chez nous. Un peu de testostérone et ça repart !

— Exact.

— Et l'acolyte ? T'en penses quoi ?

— Un peu compliqué pour moi... Trop dans l'analyse, mais fort potentiel aussi...

— On ne va pas tarder à voir sur lequel des deux il fallait miser, Capitaine ! s'amuse Gillou, le responsable logistique.

Robin le connaît bien, il officiait déjà lors de ses propres sélections et son stage. « Papa », comme on le surnomme, est la figure à la fois rassurante et rugueuse du STAC[1]. Comme son rôle n'est pas

---

1. Le stage opérateur Commando est appelé le STAC, il débute après la sélection et les évaluations. Il dure trois mois pendant lesquels les futurs bérets verts reçoivent leur formation, à l'issue de laquelle ils obtiennent le certificat de commando. Il est dispensé par le Département Commando de l'École des Fusiliers marins à Lorient.

de former ni surtout d'évaluer, il a un rapport différent avec les stagiaires. Proche de la retraite et comptabilisant plus de trente ans de carrière chez les commandos, il incarne le calme et la sérénité par contraste avec les instructeurs qui mettent les stagiaires sous pression. Ces derniers sentent instinctivement qu'ils peuvent lui confier leurs difficultés physiques, leurs doutes. Gillou a les mots pour les regonfler à bloc et les aider à puiser leurs dernières forces pour boucler les épreuves et être au rendez-vous. Chaque opérateur qui est passé entre ses mains sait ce qu'il lui doit et ne manque pas par la suite de lui témoigner plus ou moins pudiquement et tacitement, sa reconnaissance. Pour le capitaine de corvette Henry, qui commande le département Commando, il est un élément primordial du dispositif. Quant à Gillou, il devine déjà à quoi ressembleront les nouvelles recrues d'ici quelques années.

— Et toi, Gillou, tu mises sur Sam ou sur Tom ?
— On en reparle, Capitaine… Là, ça va secouer.
— Vous voulez suivre la caravane avec nous ? Ce serait con de ne pas assister au sacre de votre poulain, sourit Gillou, non sans une certaine malice.

Carlos lui tend une paire de lunettes à vision nocturne, histoire qu'il suive Tom à la loupe…

— Merci, Carlos !

Cela fait des semaines que Robin n'a pas passé une tête du côté des sélections. Ils ne sont plus que douze. Ils ont bien souffert durant la dernière marche. Trente kilomètres avec le sac de 11 kg et l'arme sous le bras, ça laisse des traces non seulement sur les corps, mais aussi dans les esprits. L'abandon. Certains y pensent, d'autres ne l'envisagent pas une seconde. Le meilleur d'entre eux a flanché dans les derniers kilomètres, comme si ses jambes avaient dit stop. Comme s'il en avait eu assez de se faire passer pour quelqu'un d'autre. Tom s'interroge sur sa propre motivation et sur ses ressources. Sont-elles épuisées ? Il lui reste quelques cartouches, mais il est en fin de chargeur. Il doute et « le doute est déjà un échec ». Les sentences se mélangent dans sa tête à force de se les répéter toute la journée. Son camarade de galère, lui aussi, n'est plus que l'ombre de lui-même. Qui des deux mérite le plus d'obtenir le ticket d'entrée au GROUCO[1] ?

*

* *

— Sérieux ? Tu penses qu'on va y arriver ?
— Toi, c'est sûr... affirme Samuel.

---

1. Terme qui désigne la base des Commandos Marine et qui a traversé les générations depuis la fin des années 1950, lorsque cette unité a été déployée en Algérie. Ils opéraient sous le commandement opérationnel du « pacha du GROUCO », qui avait sous ses ordres les Commandos (unités constituées) ainsi que les hélicoptères d'assaut de la Marine (31 et 33F). En rentrant d'Algérie ils ont d'abord été regroupés à Toulon avant de déménager à Lorient. Le GROUCO est dissous en 1994, mais le nom pour désigner la base demeure dans le langage courant. Le terme plus formel est FORFUSCO, désignant l'une des quatre forces de la Marine nationale, qui rassemble les fusiliers marins et commandos marine, ou encore la BASE FUSCO qui est l'emprise militaire située à Lanester et qui abrite l'état-major de la FORFUSCO, six des sept unités de commandos marine, l'École des Fusiliers marins et l'unité de soutien de l'ensemble, la BFMC.

— Si moi c'est sûr, alors toi, c'est encore plus sûr...

— Pas évident... Quand il a touché mon genou à la dernière visite, l'infirmier tirait encore plus la gueule que moi...

— T'inquiète... Chasse cette image de ta tête !

Grâce à ses jumelles à vision nocturne, Robin y voit comme en plein jour. Tom en a encore sous le pied, ça se lit sur son visage. Mais dans ses traits, quelque chose l'intrigue, une ombre plane. Quelle est-elle ?

Une branche craque, Tom lève la tête. Il a cru voir un animal se faufiler. Élancé, énergique. Il s'est glissé sous les barbelés qui d'ordinaire arrachent la paume des mains qui traînent. Il vient d'emprunter la buse à contre-courant, remonte par le mur aussi lisse qu'un galet, avale les quelques obstacles placés çà et là avec une vélocité déconcertante. « Il est déjà loin », sourit Robin, posté en surplomb des jeunes gens. Ce soir, l'attitude de l'étranger était autre, plus proche du renard ; il y a lu de la ruse, peut-être même un peu de jeu. Le reverra-t-il un jour ? Demain, il sera peut-être déployé en Afrique, en Orient ou sous toute autre latitude. Qu'importe la destination, pourvu qu'il soit entouré de ses hommes, sa seconde famille. Son métier lui a appris à ne pas croire qu'il peut revenir en arrière. Seule la marche avant compte. Et puis, l'espérance de vie d'un chat sauvage dans nos contrées n'est-elle pas aussi incertaine que celle d'un commando ? Ça passe vite. Ça lui fait froid dans le dos quand il y pense, alors il préfère ne pas y penser. Être et durer. Au contact de cet étranger que certains qualifient de nuisible,

Robin en a encore appris sur lui-même. Pauvre Fox… C'est ainsi qu'il l'a baptisé, pour lui inventer un passé, un présent et un avenir. La nuit l'enveloppe d'une attente plus que d'une impatience. En contrebas, ceux qui accéderont au Graal seront les mêmes qui apprécieront le manque de tout et surtout de repères. Chaque épreuve mène à cette satisfaction du petit pas qui en précède un autre. Voilà deux jours qu'ils sont en autonomie, au fond de la cuve – on leur a retiré les échelles. Ils ont dû se débrouiller avec peu de choses, des paquets de biscuits, une écuelle pour recueillir l'eau de pluie et le droit d'attraper des petits animaux et de les faire griller avec les moyens du bord… La nuit est tombée il y a peu. Ils ont beau lever la tête, chercher des yeux la présence des instructeurs, ils ne distinguent que quelques feuilles qui dansent sous la lune. Est-ce ce soir qu'ils remontent ? Le morceau de pâte de fruit resté collé au fond de la musette n'est plus qu'un lointain souvenir. La dernière gorgée d'eau à l'arrière-goût métallique remonte à loin, elle aussi. Leur gestion des ressources est manifestement en cours d'acquisition… Mais ça progresse. Dans une micro-sieste volée, Tom cherche par tous les moyens à se réchauffer. Il repense à l'été meurtrier. Celui où il s'est retrouvé embringué avec ses cousins, sans eau ni nourriture, en plein maquis sous un soleil d'incendie… Une expérience de la survie bien trop précoce et traumatisante, sur laquelle il n'est jamais réellement revenu.

— Tu dors ?

— Oui, j'étais quelque part dans le maquis corse…

— Quelle chance ! Ça a dû te réchauffer !

— Tu plaisantes ! On se les pèle dans ce trou à rats... Et toi ? Ta cheville ?

— Elle a doublé. Je ne vais pas tenir.

— Si, tu vas tenir, t'es le meilleur...

— Y'a pas de « meilleur », on est au rendez-vous ou on n'y est pas.

— Si y'en a un qui mérite le béret, c'est toi...

Un bruit sourd vient taper sur la paroi d'en face. Grappin et échelle viennent de s'écraser au sol. « C'est reparti ! » comprend tout de suite Samuel. Tout le monde lève la tête. Deux ombres se détachent, dont celle, caractéristique, du pacha, trapu, noueux, à la puissance tranquille. S'il est là ce soir, c'est que la nuit va être longue et l'exercice déterminant pour la suite.

— Vous êtes coincés dans la bulle, les gars ? Vous avez huit minutes pour poser l'échelle spéléo et tous remonter. Au garde à vous devant le pont de singe, les deux derniers auront un point de pénalité ! C'est bien compris ?

Un « Oui, Commandant ! » résonne dans la nuit. Et quelques noms d'oiseaux dans leur barbe.

Tom serre les dents. Ses tendinites le lancent jusqu'au bout des doigts... À ce moment précis, il préférerait mourir que de s'en servir. Il se bénit d'avoir gardé ses chaussures et de ne pas avoir à les lacer. Qui va se charger de poser l'échelle ? Samuel supplie son ami du regard.

— J'y vais, t'inquiète, prépare-moi le matos. Les autres, empaquetez vos affaires ! se dévoue-t-il.

Pas une seconde à perdre. Tom attrape le *bout* et dégage la corde alourdie par la pluie qui pèse une tonne.

— T'as deux mains gauches ou quoi ? Tu crois qu'on a que ça à foutre ! s'exclame Henry, qui ne laisse rien passer.

Robin sourit. Le pacha du STAC vient de piquer le jeune homme au vif. À ce stade, toutes les tactiques sont bonnes pour relancer la machine.

Un, deux, trois, quatre, cinq *lobes* bien formés. Tom sent la base du nœud sous sa paume, le grappin qu'il doit lancer est à quelques centimètres de ses premières phalanges. « Huit putain de minutes. Je sépare, je colle à la paroi, je fouette au-dessus du mur pour ne pas *délober*, je pivote et hop ! »

Bien joué ! Tom a retenu la devise du pacha : « Il faut tenir, tenir, et quand on ne tient plus, tenir encore. » Pousser sur ses jambes. Ce que Samuel ne peut plus faire, lui le peut. Oublier ses bras, oublier la douleur. « Un peu de Moraline et de Motivex, et ça repart », leur a lancé l'infirmier encore la veille. Les pieds de chacun sont comme deux grosses ampoules et le moral est en berne. Tom se reprend. Il ne pensait même pas atteindre la fin des semaines d'évaluation[1]. C'est du rab. Pourtant, vive est la brûlure. Elle se diffuse et annihile ses dernières forces. Allez ! Encore quelques mètres, ça vient d'en bas, de tes guibolles. Tous l'encouragent. Surtout viser le haut. Il sent l'échelle enroulée autour de son bras. Elle lui écrase encore un peu plus l'épaule. Son corps

1. Le STAC est composé d'une semaine de sélections, trois semaines d'évaluations, deux mois de formation.

va lâcher. Il ne compte plus les kilos qu'il charrie sur son dos. Il est en apnée. Ses jambes se tendent, à la verticale, comme des baguettes. « Je peux plus ! » hurle-t-il dans son for intérieur. Tenir, tenir, et quand on ne tient plus, tenir encore ! Quelques mètres, trois enjambées, pas plus... Des pas de géant, comme Gulliver. Tiens ! Pourquoi Gulliver, tout à coup ? Hardi, rusé, comme lui.

Sept minutes.

Des pas de géant ! Ne pas perdre le rythme, se servir des jambes comme d'un tremplin... Le bras droit ne répond plus, le tendre ? pourtant... Se coucher, oui, se coucher tout au bord... et... passer la jambe ! C'est bon, il tient le bord à l'aide de quatre phalanges. Il ne le lâchera plus. L'échelle se déplie jusqu'au fond de la cuve...

Six minutes.

Encore sept mecs.

L'un après l'autre, ils décollent de ce bivouac de misère sans se retourner. Samuel monte le dernier, après un coup d'œil circulaire, histoire de ne rien oublier et de se qualifier. Effacer toute trace de leur passage... C'est la base. En haut, on s'impatiente. Hors de question que deux « traînards » prennent un point de pénalité. Ils rejoindront comme un seul homme la ligne d'arrivée. L'esprit de cohésion plane sur le groupe. Robin est rassuré : Henry, le chef et son équipe d'instructeurs ont bien bossé.

— Dans la vraie vie, vous seriez tous morts ! Sans déconner... leur lance un des instructeurs avant de les faire monter illico presto dans un camion, tassés comme des sardines.

Collés les uns contre les autres, les douze gars savourent ce court moment où ils n'ont rien d'autre à faire que de se laisser bercer par le ronron du moteur. La nuit glaciale a entamé les carcasses, siphonné le peu d'énergie qu'il leur reste. Ils ont appris à gratter la moindre minute de repos, une épreuve chassant l'autre, c'est toujours ça de pris. Ils carburent à deux heures de sommeil toutes les vingt-quatre, difficile de recharger les batteries. Le stage, c'est un marathon et dans le même temps un 110 mètres haies puissance dix. Pour les candidats comme pour les instructeurs. Qui sont-ils, ces hommes qui poussent, encadrent, sanctionnent et évaluent les moindres faits et gestes ? Tout voir, tout entendre, ne rien laisser au hasard. Eux-mêmes sont passés par là. Ils ne l'ont pas oublié. Et régulièrement, ils remettent leur béret en jeu. Jaubert, Trépel, Kieffer, de Montfort, Ponchardier, de Penfentenyo et Hubert forment les sept membres de la famille Commando Marine. Carlos et Luka sont venus prêter main-forte à Henry et ses hommes. Ils profitent du brouhaha de la route cabossée pour faire un point sur l'état de chacun avant le raid nautique.

*

* *

— Quand même étonnant, le binôme de Tom… se moque Carlos.

Ce qui m'inquiète, c'est qu'il est bien amoché, j'ai bien peur de perdre mon pari… s'amuse Luka.

— T'as misé gros cette fois-ci. Il a commencé à boitiller dès le début de la marche de 30… Et puis à la moitié, c'était la Bérézina, je sais pas comment il a réussi à boucler dans les temps... Ça tient du miracle.

— Non, ça tient de Tom, justement, ils se tirent la bourre. Ça te rappelle pas quelque chose ?

— Héhé ! Oui, Eckel et Jeckel, c'était déjà nous !

— Tom, c'est le poulain du capitaine ?

— Oui, et quand Robin parie sur quelqu'un, tu peux le suivre les yeux fermés !

— À voir...

— Elliot me dit que mon poulain est au bout du bout... Si près du but, ce serait con...

— Tu vas faire quoi ?

— On n'abandonne pas un mec au milieu du gué !... se reprend Luka.

— T'as tout à fait raison ! Même si ça va te coûter une blinde en bière de Noël !

— Te fous pas de ma gueule, le Brésilien !

— Tout peut encore basculer... Il reste la sortie aux petits oignons que le pacha leur a concoctée...

— Mouais, je sais... je sais... Va falloir qu'il se tire sur la couenne !

— Un paquet d'heures les sépare du ticket d'or, souviens-toi comment on a terminé... confie Carlos à son binôme de choc.

— Comme des épaves !

Tom a du mal à dormir. La douleur de ses bras s'est réveillée. Il observe Samuel, dont les traits sont déformés eux aussi. Le noir et le kaki qui le griment ont dégouliné çà et là, et une étoile couleur chair est apparue sur le haut de sa pommette, trahissant une grimace de douleur qui s'est dessinée au fil des heures. Il ramasse, en silence. Pourvu qu'il tienne... se dit Tom qui commence à en douter. Sans son ami, il n'aurait pas accompli toutes ces choses. Henry s'est tout de suite demandé s'il avait affaire à un fumiste ou à une force tranquille. La motivation est là, même s'il perçoit une contradiction dans le personnage. Son moral aurait-il flanché avant le physique ? Son charisme naturel a fait tant de bien à tout le groupe. Dès les premiers coups de pression, il a tenu bon. Tom, lui, a vite tourné le dos à la défaite. Qu'auraient-ils fait l'un sans l'autre ? Quand un binôme fonctionne aussi naturellement, qu'est-ce qu'on vaut individuellement ? C'est tout le mystère… Sur les douze gars en lice, ces deux-là sortent du lot. Tom a démarré plus lentement, « un diesel », se dit Carlos, au physique de lutteur explosif mais pas forcément endurant. « Il est solide, à l'écoute et réactif, ce jeune », pense-t-il. Fougueux ? Moins que lui, mais pas dans l'économie et ça, c'est moins rassurant. « Une question de maturité », espère-t-il. Robin jette un œil au dernier classement juste après le parcours « jungle », qui porte bien son nom.

— Quand est-ce que Tom va se sortir les doigts, bon sang de bon sang ! s'impatiente-t-il.

— Peut-être jamais… C'est frustrant, on a l'impression qu'il en a sous le pied et qu'il y a un truc qui le retient, abonde Luka.

— Moins conscient de ses chances qu'il ne devrait ? C'est ce que vous pensez, non ?

Tom a tapé dans l'œil des instructeurs, ça c'est certain. Il fait partie de ceux qui agacent, parce qu'on aimerait le voir survoler les épreuves, mais il tarde à passer à la vitesse supérieure. « Si on lui laisse sa chance, il va se transcender », se dit Robin. En attendant, il guette la chrysalide. Henry, entouré de ses instructeurs, talonne de près les candidats. Chacun est scanné dans ses moindres gestes. On analyse son comportement sur les parcours, quatre fois par semaine, sa résistance à la fatigue, le froid et la pluie. Ça entame, pas de doute. On décortique son esprit collectif et le bon usage de son stress. Certains déçoivent, d'autres surprennent. C'est tout le sel des sélections...

— Ouais, bah il va falloir qu'il nous prouve qu'il a pas systématiquement besoin d'un lièvre pour tenir la distance.

— Oui, c'est exactement ça, il a tendance à se mettre dans les traces d'un autre...

— C'est pas forcément dangereux tant qu'il ne se passe rien, mais quand il y a le feu au lac, faut savoir prendre la tangente sans se poser de questions.

— Ça mérite qu'on creuse un peu quand même...

Robin écoute, il n'intervient pas. Il se souvient de Carlos, discret, toujours en soutien pendant le stage et qui s'est révélé être une locomotive dès sa première affectation au Commando Jaubert. Réfléchi, précis, efficace. Tout dans la gestion des énergies justement.

— La nuit va être longue pour ceux qui ont déjà commencé à subir. Quoi qu'il en soit, dans quelques heures on aura tous les noms des finalistes, annonce Carlos.

— Le mien de poulain, il a pas intérêt à me décevoir… J'aurais l'air de quoi vis-à-vis du capitaine ! redoute Luka.

— C'est pas la première fois que tu mises sur le mauvais cheval ! À croire que tu le fais exprès !

— Sait-on jamais, ironise Luka tout en enfilant une cagoule, pour se mettre dans le rôle du méchant.

*

* *

Le camion vient de stopper, les candidats se calent au fond et ne bougent plus. Seules des rafales de vent viennent taper dans la bâche. Les corps ont eu le temps de s'engourdir un peu, une vague chaleur se diffuse dans cet espace confiné. Dehors, c'est une autre histoire. Un camion vient de s'arrêter juste à côté, tandis qu'un troisième file vers une destination inconnue, emportant une dizaine d'instructeurs venus en renfort. Ça sent l'épreuve en deux temps, note Tom. Tous aimeraient que la pause se prolonge un peu. Ils cherchent des indices qui pourraient indiquer à quelle sauce ils vont être mangés. Parcours boue, raid nautique, test d'agressivité ? Ils n'en sauront rien. Les instructeurs multiplient les effets de surprise. À peine la bâche soulevée, les stagiaires comprennent qu'ils sont à l'aplomb de La Chaise du diable. Devant eux, un précipice. Samuel, muni de jumelles à vision nocturne, jette un coup d'œil. Au moins une trentaine de mètres les sépare de la rivière. Six kayaks Nautiraid les attendent en bas. La paroi est déjà équipée de rappels, il n'y a plus qu'à franchir. Cette année, ils finiront sans doute à douze, en tout petit comité. Pour Henry, peu importe s'il ne doit en sortir qu'un seul, l'École Commando n'est pas là pour faire de cadeaux.

— Vous avez peur d'attraper froid, c'est ça ? leur crie Carlos pour les activer.

Leur mission : rejoindre la rade de Lorient sans se faire repérer. Tout le long de la rivière, ils ont placé des instructeurs qui jouent les hostiles. À chaque fois qu'un des stagiaires est repéré, il a un point de pénalité. Et s'il se fait « toper », il est éliminé… La fin de la mission est fixée sur l'embouchure du Blavet, non loin de la capitainerie de Pen-Mané. Ils doivent repérer leur objectif : un bateau. Le *Volontaire*, pas un autre. Y poser des charges explosives de telle sorte qu'il coule à pic… puis s'exfiltrer de la zone sans aucun bruit, avec des gars pour jouer les sentinelles. Ils feront le debriefing à chaud, lorsqu'ils auront atteint l'extrême est du ponton de l'Espérance. Bien entendu, les instructeurs attendent d'eux qu'ils soient capables de mémoriser et de restituer toutes les zones qu'il fallait éviter, qu'ils aient repéré les positions des « hostiles », et qu'ils sachent évaluer objectivement la difficulté de la mission. Le kayak n'est pas le vecteur de mise en place qu'ils maîtrisent le mieux ; sans carte, ils vont devoir se souvenir du cours de topo fait par Boris, le spécialiste en drones, un vrai couteau suisse fraîchement affecté au Commando Kieffer. La leçon remonte à quatre jours… Une éternité. Pour l'heure, ils s'engagent sur la falaise de schiste aux réglettes microscopiques et disparaissent un à un dans le vide noir et les fissures incertaines. Équipés de baudriers, ils effectuent eux-mêmes un demi-nœud de cabestan et descendent sans grande difficulté. C'est presque un jeu d'enfants, comparé à l'épreuve de la fosse aux Ours qu'ils viennent de réussir. Arrivé au sol, Tom évalue ses bras, il ne sent plus le droit. Il doit l'épargner au moins quelques heures. Samuel le comprend, il passe à droite sans hésiter. Un geste pour son ami qui n'échappe pas à l'instructeur… Un signe de cohésion supplémentaire. Deux hommes par kayak : Alpha, Bravo, Charlie, Delta, Echo, Fox-Trot.

Les kayaks ont beau être légers, chaque portage est un effort. À 8 °C, l'eau mord la couenne et les blessures. Les treillis lourds, durs comme du carton, collent à la peau. Le néoprène n'est pas de trop. Avant qu'ils ne sèchent, les candidats seront repassés plusieurs fois à la baille. L'eau, il faut faire avec, l'intégrer au même titre que l'air et la terre. Sans bruit, ils s'enfoncent dans la nuit. Les garçons tâtonnent, cherchent le bon tempo. Tangages, réglages. Un cormoran perché sur un caillou garde un œil ouvert. « À quel moment les oiseaux dorment-ils ? » se demande Tom. Sans doute est-ce pour se protéger des chouettes et autres chats sauvages qu'il reste aux aguets. « Il faut faire comme lui, débrancher une partie du cerveau », chuchote Samuel, en désignant l'oiseau noir aux allures de pauvre hère. Il n'a pas l'air de se poser de question, il est juste dans la survie. Peu à peu ils trouvent leur rythme, tentent de repérer les hostiles, de mémoriser leur position et surtout de les éviter. Aucun contact oral ou visuel ne doit s'établir avec qui que ce soit. Reconnaître, renseigner, la mission est technique, surtout avec ce froid et le manque de sommeil.

Pas de temps à perdre, boucler l'affaire en quatre heures, c'est presque mission impossible. Tom et Samuel ont pris la tête de la formation. « Si mes souvenirs sont bons, quand on va dépasser Loqueltas, y'a une petite île qu'on a intérêt à prendre sur la droite et un gros rétrécissement de la rivière. C'est idéal pour une embuscade, ça ne m'étonnerait pas qu'ils tentent de nous choper à cet endroit. On va contourner par la droite et prendre la voie en eau vive, ça va secouer, mais ça va nous éviter de nous faire serrer comme des bleus... » Samuel enregistre ce que vient de lui dire Tom, rien à redire. Et deux minutes plus tard, en voyant le Blavet se séparer en deux, il fait le signe aux deux autres kayaks d'emprunter le petit bras de rivière... Certains sont à la peine. Les distances se creusent. « Allez, les gars ! On est dans les temps ! » fait signe Tom.

Au loin, Robin suit la manœuvre. « Bien joué, mec ! » se dit-il, dissimulé avec les instructeurs dans la zone marécageuse de Lochrist. Indétectables, ils vont attendre que les six kayaks les dépassent, pour les observer à distance. À un nautique, Henry attend le groupe, fatigué mais encore opérationnel. C'est le moment de l'embuscade. Tout se passe comme le pacha l'avait prévu...

Chacun joue tactique. La bataille navale n'est pas terminée. Les stagiaires se sont réparti les tâches. Pendant que l'un repère les hostiles, l'autre anticipe sur la topographie du Blavet. Ils l'ont déjà parcouru une demi-douzaine de fois sur les berges... La marche de trente kilomètres, celle de douze et celle de quinze... un exercice en FUTURA[1], ce zodiac qu'utilisent les commandos en mission. Et lors des séances d'escalade, lorsqu'ils rejoignaient La Chaise du diable, de nuit comme de jour, en petites foulées ou par camion. Tom ne se souvient pas de tout, mais il a noté les endroits un peu stratégiques, les rétrécissements, les écluses bien sûr et les zones à forte concentration de nids d'oiseau... Il sait qu'en passant, s'ils font trop de bruits, les volatiles pourraient faire du grabuge. Le rebord du lit de la rivière offre des treillis de racines et des abris parfaits pour la faune. Ils gardent une distance. Tom se rend compte qu'en quelques semaines, le métier rentre. Il n'en avait pas forcément conscience jusqu'à maintenant. Au-delà des techniques apprises et intégrées, ils doivent désormais faire preuve d'inventivité et de réactivité. Ce réflexe des oiseaux et du bruit, Tom est persuadé qu'il ne l'aurait jamais eu dans les premiers jours de formation. C'est rassurant, ça veut dire qu'il progresse, qu'il y prend goût. Quelque chose est en train de changer. Il regarde le ciel. Oui, la lumière. Elle n'est pas pareille. Le vent a chassé quelques gros nuages qui masquaient la pleine lune. On va les voir. Il fait signe de ralentir, encore. Tout doux, tout doux. « Stand-by », chuchote-t-il instinctivement. Ils s'immobilisent. Pas facile à contre-courant. Mais il faut prendre quelques instants pour réfléchir. Changer de rive ? Impossible. Ça veut dire être à découvert pendant au moins trente secondes. C'est beaucoup trop. Se coller à la berge ? De gros arbres morts vont ralentir la progression et peut-être endommager les embarcations. Bientôt leurs

1. Embarcation gonflable à moteur

silhouettes vont se découper dans la nuit. « On plonge et on retourne les kayaks », décide Tom. Il opte pour le camouflage, un filet qui casse les formes et limite la réflexion de l'eau, et choisit de nager à côté, le temps d'atteindre une zone plus couverte. Le courant est assez rapide, ce n'est l'affaire que de quelques minutes. Cinq tout au plus. L'eau de la cuve est à 10 °C, ils ont l'habitude… Rater, endurer, recommencer… ça ne devrait plus leur poser de problème à ce stade de la formation.

« Tous à la baille ! » fait signe Tom.

Chacun dissimule son kayak et se glisse dans l'eau en silence. Ils quittent un lacet et se retrouvent en zone dégagée, éclairée par quelques lampadaires le long d'un petit bourg… Bientôt, ils devraient croiser à bâbord une sorte de fortification et, à nouveau, moins de végétation. Encore un effort. Il est 3 heures du matin, ils sont dans les temps.

— Allez ! Bougez vos bras, les gars, faut pas tétaniser !

Samuel et Tom observent le ciel. Un gros tapis de nuages vient obscurcir le paysage, ils vont pouvoir remonter…

— Tu crois que le chef nous a vus ? chuchote Tom.

— Ce qui est sûr, c'est qu'on a bien anticipé, se satisfait Sam.

— On a passé Hennebont, encore quelques virages, la rade nous attend…

Dans la voix de son ami, Tom a perçu une grande fatigue. « Tout ça pour un béret vert ! » lâche Samuel. Tom a vu juste. Son ami flanche. Sa cheville est morte. Il ne sent plus le bout de son pied. Tout lui pèse. L'eau est glaciale. Son combat contre la souffrance est en train de prendre un tour qui ne lui plaît pas. En remontant dans le kayak, il a senti son articulation lâcher. Pourtant il est solide. Il a toujours été le plus rustique des quatre frères. Une force de la nature. Tracer, c'est son réflexe en toute circonstance. Ne pas regarder en arrière. Ne pas laisser son esprit prendre le dessus. Mais la douleur dans sa cheville irradie jusqu'aux orteils. C'est sans doute cassé... Et pour débrancher la bonne partie du cerveau, c'est pas gagné. « C'est laquelle déjà ? se demande-t-il. L'hypothalamus ? Non... non... ça c'est pour gérer la peur... J'ai pas peur... sauf peut-être de devoir abandonner. Mais faut pas y penser à ça non plus. Si t'enlèves "hypo", ça fait quoi... Ah oui... tu gardes juste "thalamus"... C'est ce truc entre le cortex et le tronc cérébral... Je l'ai appris en SVT. Trop marrant que ça revienne là... alors que je suis en train de faire un raid nautique pendant ce putain de stage qui occupe ma vie depuis des mois. » Samuel se cale sur la respiration de son ami. Un souffle régulier, lent mais pas trop, une cadence rassurante qui fait penser à la mer. Se préparer au mieux. Ça veut dire faire des choix. S'entraîner. S'entraîner. S'entraîner. Pas trop, mais pas trop peu. Arriver à bloc, mais pas trop. Surmotivé, mais pas surentraîné. À cet âge-là, on sait pas trop gérer le « trop », si ?

— Sam ! Sam ! Regarde à droite !

Samuel sort de ses pensées… À deux cents mètres, un groupe d'hostiles barre la rivière avec un bateau, en mode check-point. Tom a repéré des petits points de laser à la lisière d'un bout de forêt. Bien joué ! Ils allaient se jeter dans la gueule du loup ! Ils stoppent net leur progression. À contre-courant, de nouveau. Il faut braquer juste avant le virage en coude, sinon ils sont cuits. Pas le choix, il va falloir contourner les hostiles par les terres. Tom lève le bras et fait signe aux autres de se coller à la berge. Ils se sont arrêtés juste à temps. Ils vont pouvoir accoster sans être vus. Henry et ses adjoints se sont postés sur une avancée de terre, en aval. Une petite forêt sépare les deux groupes. Un chemin privatif mène à une propriété. « Attention, chien méchant » est indiqué sur une pancarte rongée par le temps. Tom pense à l'oiseau, au bruit, à l'alerte. S'engager de ce côté, c'est prendre le risque que le chien les grille. Tom scrute la nuit. Il aime ce qu'il est en train de vivre, même si ce n'est qu'un exercice. Il oublie ses bras. Il tente de se repérer. Pas facile. Les instructeurs ne font aucun bruit. Ils sont tout près, il n'en doute pas… Eux voient tout et entendent tout. Sur quelle distance vont-ils devoir porter ces lourds kayaks ? Et s'ils croisaient des jeunes de retour de fête, ils vont avoir l'air de quoi ? Les gens ont l'habitude des commandos en exercice de jour, le plus souvent cagoulés, mais la nuit, c'est une autre affaire. Comme des centaines d'autres enfants du pays, ils sont nombreux à avoir tenté un jour de porter le fameux béret vert. Le long du Blavet, il arrive qu'un promeneur, un pêcheur à la mouche, un éclusier lève le menton et fasse un petit signe discret de la main. Il doit être quatre heures du matin, c'est un peu trop tôt pour croiser qui que ce soit. La difficulté ne devrait pas venir de là... Samuel propose de remettre les kayaks à l'eau et de changer de rive. De l'autre côté, il y a une route qui offre d'autres options de repli, mais surtout débouche sur le groupe d'hostiles. « Si on prend du côté du cimetière des bateaux, on peut les voir et mieux les contourner », se dit Tom. C'est pas con. Et pourtant, quelque chose cloche. Henry et ses hommes ne sont pas là pour les ménager. Ils n'ont peut-être pas été repérés. Alors pourquoi se jeter dans la gueule du loup ? D'après ses calculs, s'ils décident de couper à travers la forêt, ils peuvent récupérer le Blavet un peu plus bas et atteindre très rapidement la rade. Mais cette forêt est-elle praticable ?

Sur l'autre rive, le capitaine Robin observe tout ce manège avec les jumelles prêtées par Henry. Il aperçoit les deux groupes qui évoluent sur les deux parties de la presqu'île. Aucun doute que le chef et ses hostiles sont au courant de la présence des garçons. Mais objectivement, ils n'ont pas commis d'erreurs pour le moment. Henry attend de voir... Robin se souvient qu'à son stage de sélection, le pacha avait laissé la même chance à son groupe pour que les meilleurs éléments émergent. « C'est toi, la bête », lui avait-il dit. Il s'agit à un moment de tuer ses doutes, de tuer sa souffrance. De ne pas se laisser polluer par quoi que ce soit. Croire en soi, ne pas se mentir. Robin a compris alors qu'il irait au bout.

Tom et les autres ont opté pour la forêt, les voilà qui s'enfoncent dans la verte...

« Ils sont vaillants... ils ne savent pas trop où ils vont, mais ils y vont », se dit Robin, amusé et impatient de voir comment ils vont se sortir de leur galère.

Aucun sentier, aucun entretien. Les garçons s'équipent de leurs jumelles à vision nocturne. Désormais, ils progressent en file indienne. Ils se repèrent aux bruits aussi. Tous leurs sens sont en éveil. Et Tom s'en sort plutôt très bien. Il sait qu'à ce stade de l'exercice, on lui demande surtout d'anticiper. Où est mon ennemi ? Comment le dépasser, le surprendre ? Comment économiser mes hommes ?

— Sam, c'est merdique, fais gaffe à ta cheville ! prévient Tom qui ouvre le chemin...

Le ressac n'est pas loin. Ils doivent continuer tout droit, et forcément ils pourront repartir.

— Putain ! C'est quoi ce truc qui vient de me filer une baffe !

Tom étouffe sa surprise et réprime un sursaut. Il ne comprend pas. Il vient de prendre un coup en pleine face. Il sent sa joue gonfler et se durcir. Ça pique. Il est obligé de s'arrêter. Il ferme les yeux et parvient à ne pas crier...

— Ça va, Tom ? lui chuchote Samuel. Tu viens de te prendre une putain de chauve-souris en pleine gueule. Elle t'a attaquée, la garce. J'avais jamais vu ça...

Tom reprend ses esprits. Il n'a pas senti de morsure... peut être juste une griffure. Mais il faut se recentrer et sortir au plus vite de ce bourbier. Cela fait une bonne heure qu'ils sont coincés dans cet espace. Il sent que le kayak le tire de plus en plus vers l'arrière. Samuel n'a plus la force de le porter. Tom se décale vers le centre pour le soulager, un peu, sans lui donner l'impression qu'il prend trop les choses en main. Sam peut à peine poser le pied. Il a beau chercher, il ne se souvient pas à quel moment il a merdé... Quand il a ripé sur la poutre du parcours « jungle » et qu'il s'est mal réceptionné ? « Avance, gros nez ! » lui a crié un instructeur. Oui, il aurait dû penser à retirer cette boue collée à la semelle qui l'a fait glisser. Une putain de seconde d'inattention... C'est trop tard, il faut zapper pour ne pas ruminer. Derrière lui, il entend les gars qui souffrent et qui ne s'en sortent pas...

— Tom ! Ralentis, ça suit pas... fait signe Samuel.

Il faut pourtant accélérer. Ils ont du retard sur le timing. À quelques mètres, Tom perçoit un halo de lumière à travers le rideau de feuillages. C'est la sortie ! En quelques minutes, les douze hommes se retrouvent à la lisière de la forêt, sur un bout de terrain sablonneux qui avance sur la rivière. Ils sont pile à son embouchure, plus très loin de la sortie du Blavet. Les premières mouettes annoncent le matin qui se lève.

— Les gars, il va falloir repartir, ils nous attendent sur le ponton en rade de Lorient, annonce Tom.

Puis il se retourne vers Samuel. Quelque chose cloche. Aucun oiseau. Comme s'ils avaient été effrayés et s'étaient tous envolés.

— Stand-by, temporise-t-il en lisière de sous-bois.

Quelques secondes plus tard, les oiseaux reviennent.

— Je te parie que notre bande d'hostiles a quitté la zone il y a moins de trois minutes, en conclut Tom.

— Tu les vois ?

— J'essaie même pas. Allez, on y va !

La cadence est rapide. Les garçons ont trouvé la bonne technique pour doser l'effort et optimiser la vitesse. Tom a repris du poil de la bête. Le reste est à la traîne… Sans lui, Samuel sait qu'il n'en serait pas là. La capitainerie de Pen-Mané se dessine sur bâbord. Tom compte une quarantaine d'embarcations réparties sur deux pontons, toutes semblables les unes aux autres. « Ça va pas être du gâteau », se dit Tom. Pourtant, ce coin il le connaît bien. Surtout le Fort qui surplombe, avec ses quarante marches casse-gueule, et cette grande terrasse qui embrasse la rade de Lorient permet de surveiller le Scorff et le Blavet. Les enfants l'investissent tous les étés pour y jouer aux pirates et se faire de bonnes frayeurs…

Une silhouette furtive se détache sur les remparts. Tom plisse les yeux. Le groupe dispose de peu de temps pour repérer le *Volontaire* et poser les charges… Pour rester discrets, ils forment deux binômes qui s'approcheront à la nage. Les autres attendent avec les kayaks. Samuel grimace, il va rester en appui. Tom part avec trois autres camarades. En quelques coups de palmes, ils atteignent le ponton, localisent la cible. Deux charges factices, type *Limpet*, devraient faire l'affaire. Il fait signe aux autres de contourner le bateau et de coller l'explosif juste sous la proue. À lui de fixer une autre à bâbord, tout près de la quille… Il se laisse couler le long de la coque en vidant ses poumons, pose et remonte en palmant fort jusqu'à la surface. Les nageurs rejoignent le reste du groupe. Mission accomplie. Ils remontent sur le ponton.

*
* *

— Tu bouges pas, tu regardes devant toi.

Tom sent une arme de poing se coller sur sa tempe. On lui enfonce une cagoule sur la tête. Sa mâchoire se serre. Son cœur s'accélère. Il transpire. Il ne voit plus rien. Il se soumet à la contrainte sans résister. Il n'a plus la main de toute façon. Autant lâcher prise. Ils veulent jouer sur ses doutes ? À lui de les balayer. Qui le menace ? Carlos ? Luka ? Il croit reconnaître Elliot l'infirmier, mais peu importe, l'essentiel est de s'économiser…

— Tu bouges pas et tu fermes ta grande bouche, sinon on va s'occuper de toi…

Tom croit faire face à Boris, celui qu'il surnomme « l'ours des Carpates », l'armoire à glace ancienne légende de Monfort qui est venue leur faire un cours de topo. Ne pas se polluer la tête !

Juste attendre que ça se passe. Il se souvient de cette remarque que font les instructeurs dès qu'ils sentent que le moral baisse…

— Allez, tête de chat ! Sors-toi les doigts !

Combien de fois il a entendu cette expression ? Au début, il ne prenait pas ça très bien… Et peu à peu, il n'a plus cherché de sens, il a même arrêté de penser à ce que ça voulait dire. Et les critiques sont devenues des encouragements. Ce soir, il surprend dans certaines remarques une forme de considération. Mais rien n'est joué.

La cagoule l'empêche de respirer. Il est tenté de l'arracher. Mais il sait que ce serait une très mauvaise idée. Et puis c'est devenu un réflexe de chasser les pensées parasites. « Si ça se trouve, elle a été portée par celui qui épinglera mon insigne le jour de la remise de mon béret vert », se dit-il, comme s'il n'avait plus le droit d'échouer. Mais il reste le « Coxage ». Cette épreuve mythique. Il en connaît des bribes, comme ses autres camarades. Tout le monde en parle, c'est un mythe. Ou le contraire d'un mythe, à vrai dire. Une confrontation avec soi-même. Mais pourquoi est-ce si difficile de raconter ? Peut-être qu'au bout de la nuit, il pourra au moins répondre à cette question. C'est le moment où ils vont devoir cesser de s'appuyer sur l'autre et ne penser qu'à soi. Une autre épreuve, un saut dans un autre vide. Plus de courte échelle. Samuel et lui se sont instinctivement choisis pour s'épauler, pour aller plus loin. « Il n'y a pas de hasard, il n'y a que des rencontres… » Cette phrase lui revient en mémoire.

Tom calcule, quand Samuel analyse. L'un dans l'instant présent, l'autre dans l'anticipation. Ils n'ont pas mis en place les mêmes stratégies face à l'épreuve, face à l'effort. Laquelle va payer ?

Au fond du FUTURA dans lequel il vient d'être jeté, Tom ne pense plus à ses bras. Il resterait bien au fond de l'embarcation, au milieu de cette mêlée de camarades. Il profite de ces quelques minutes de répit, peut-être les dernières. « Tout est bon à prendre », lui a dit Elliot l'infirmier, celui que tout le monde appelle « le sorcier »... Ça lui revient en mémoire, comme une ritournelle. Samuel, de son côté, grelotte. Ses dents claquent sans qu'il puisse se contrôler. Il ne sait pas si c'est la douleur lancinante de sa cheville qui l'empêche de supporter la température qui ne dépasse pas les dix degrés. L'homme qui lui a enfoncé la cagoule, lui a fait une sacrée béquille. Il s'en veut d'avoir opposé une résistance, ce fameux mécanisme de défense qu'on lui reproche parfois. La fatigue, le doute abaissent son seuil d'acceptation de la douleur.

— Putain ! Mais tu vas arrêter de grelotter ! Arrête de subir, grand ! lui assène une voix sortie de nulle part.

Ce message, la veille, il l'entendait lui aussi comme un encouragement. Il doit s'extraire de sa blessure s'il veut s'en sortir. Tenir, tenir et quand tu ne tiens plus, tenir encore...

— Tant que tu n'as pas besoin de courir, tu n'as pas mal. Tant que l'heure du coucher n'est pas arrivée, tu n'es pas fatigué. Tant que tu n'as rien à manger, tu n'as pas faim. Il sera toujours temps de te mettre en mode combat, lui glisse son ami.

Le but de ces épreuves : faire des candidats au béret vert des hommes prêts à faire face au manque. Laisser la mort rôder pour qu'elle se lasse. Samuel apprivoise le vertige, Tom contourne l'abîme. Qui est prêt à sacrifier l'autre si c'est nécessaire ? Robin se souvient de ses camarades de stage qui ont abandonné. De ceux qu'il a laissés sur le bas-côté, des choix cornéliens qu'il a dû faire. Aider un camarade ou avancer ? Ne jamais abandonner. Croiser des regards dépités, d'autres déterminés. Lui n'était ni le plus rapide, ni le plus fort, ni le plus endurant, ni le plus explosif… Mais il était un peu de tout ça. « Taillé pour l'exploit, avec une vraie fascination pour la discrétion », avait dit de lui son pacha.

Lorsque les deux zodiacs accostent sur une petite île tenue secrète, les premiers rayons du jour débordent l'horizon. Les douze cagoules s'accrochent à ce nouveau jour, après deux nuits blanches. À la voix rocailleuse de Carlos, le petit groupe s'ébranle et disparaît derrière la dune. L'épreuve « ultime » les attend, ce moment de vérité qu'ils redoutent tant. Saturés de fatigue, de stress, mais impatients d'en découdre avec eux-mêmes. À tâtons, ils s'agrippent à la ceinture de devant pour ne pas tomber. Le crachin du matin n'arrange rien. Un pas devant l'autre, ne pas chercher à voir plus loin. Tom replonge dans ses souvenirs de randonnées, il sait que son goût de l'effort vient de là. La Corse, ses paysages complexes et ses paris fous. Les marches forcées de Mare à Mare. Les enfilades de dénivelés qui cassent les jambes, une beauté envoûtante et des maquis que l'on tente de prendre à tous les âges de la vie.

— Tu avances ou tu rêvasses ! l'interpelle un instructeur. Tu branles le mammouth ! Allez, tire-toi sur la bouche, putain ! T'as compris ?
— Oui, chef !

Tom sait que ça fait partie du jeu. Cette voix, il cherche à quel moment il l'a entendue. Peu importe. Pas de question sans réponse, c'est le meilleur moyen de se déconcentrer. La colonne vient de stopper. Ils vont être dispatchés sur plusieurs sites. Il est tiré sur quelques mètres. Il sent la température chuter d'un coup.

— Baisse la tête... et écoute-moi bien...

Tom emmagasine un maximum de détails. Les consignes sont claires, il n'a qu'à les appliquer, sans chercher de piège ni de double sens...

— Tu enlèves ta cagoule quand je te le dis. Tu la déposes sur le sol à tes pieds et tu empruntes le couloir devant toi. Tu pourrais la garder, on y voit comme dans un cul de singe. Mais bon... petite faveur qu'on vous accorde. Tu prends tout de suite à gauche dès que tu t'es engagé. J'ai dit à gauche, hein ? Pour le reste, tu te débrouilles. T'as pas de casque, alors fais gaffe à ta caboche. C'est le seul conseil que je peux te donner. Il y a toujours une issue. Il y a toujours une issue.

Est-ce que Tom a bien entendu ? Lorsqu'il retire sa cagoule, l'homme a disparu. Sans le moindre bruit. Même pas un froissement de vêtement. « Il y a toujours une issue, il y a toujours une issue », se répète-t-il, comme un mantra. Il sent le froid qui provient du fond de la galerie. Une impression de rentrer dans un caveau. Le jeune homme se surprend à être calme. Les mots choisis par l'instructeur l'ont boosté. Tout va bien. Son souffle est régulier. À gauche, oui, c'est ça. Le froid l'aspire. C'est devant que ça se passe. Pour le moment il ne voit rien, ne perçoit rien. Il connaît cette sensation qui mène au vide. Il reste à l'écoute des volumes et de l'espace qu'il occupe. Lui au milieu de rien, il connaît ça. Un plafond plus bas, un couloir qui se resserre, pourquoi pas ? « Ça veut rien dire. » Les mains bien devant, il tâtonne. « Sans casque… » Ah oui, il peut se prendre un mur, une poutre, n'importe quoi. Éviter de se lancer dans le vide, ne pas quitter les parois et plutôt se présenter de trois quarts dos, ça aussi il sait. Il traverse une pièce, jusqu'à atteindre l'autre mur. Il passe deux doigts sur l'angle et tourne à gauche. Il n'a pas le choix de toute façon. Très vite, il sent une embrasure de porte contre son coude. C'est sans doute là qu'il faut tourner. Mais il n'en est pas sûr. Qu'est-ce qui lui dit qu'il faut prendre par là ? Il a beau plisser les yeux et sonder le noir, il n'y voit rien. Dans ce trou béant qui l'aspire, de l'eau ruisselle maintenant. Elle court sur le mur qu'il longe depuis un moment. Il cherche une paroi en face… tâtonne. Regarde en arrière. Une odeur forte de pierre humide se dégage. Ça lui donne envie de vomir. Il veut quitter cette salle au plus vite. Mais pas d'issue. « Il y a toujours une issue… » Il refait tout le tour sans quitter la paroi, mais ne trouve aucune sortie. Il a dû louper quelque chose. Ça doit se passer au centre… Tom cherche une trappe ou quelque chose sur le sol boueux. Ses mains fouillent la terre. Il heurte enfin un petit nœud de corde lisse. En tirant dessus, il découvre une nouvelle galerie, plus étroite encore. Une musique orientale au loin. Il va falloir pousser sur les bras. Il sait que ses douleurs vont redoubler. À moins qu'il ne se mette sur le dos, mais rien ne lui indiquera le danger. Il prend ce risque. « Comment fait Samuel », songe-t-il. Toujours rien de son côté. Sauf un petit filet d'air qui vient de passer sur son visage, puis une très faible lumière jaune orangé qui s'accentue. Pile sur son passage, elle vient de l'aveugler. Il peut tendre les bras devant lui. Une issue… Il se redresse pour se hisser dans une salle juste au-dessus de lui. Une pièce ovale, bien éclairée à la bougie. Elle ne débouche sur aucune galerie. Tom pose son regard sur une enveloppe posée par terre. Il l'ouvre. Elle contient des coupures de presse qui le concernent… « Tom le miraculé », « Tom, l'enfant sauvé », « Tom, le survivant »… Une demi-douzaine d'articles qui relatent un après-midi de cauchemar, le jour de ses huit ans. Parti chercher des dagues, des écus, des bijoux d'un autre temps, avec ses cousins près des grottes, au-dessus de leur village… Une enfilade de cavités en plein maquis qui abritaient des vestiges du Moyen Âge. « Ce matin-là, la petite équipée était sortie discrètement, à l'heure où les hommes partent à la chasse au sanglier… » Tout est raconté en détails. Ils avaient pris soin de laisser un petit mot à leurs parents, en prévenant qu'ils rentreraient après le déjeuner. Ils avaient tout prévu, sauf un départ de feu. Ils se sont retrouvés en lisière des grottes, piégés, encerclés. Ils ont senti le feu tout proche. Les deux aînés de seize ans ont dit qu'il fallait rebrousser chemin avant qu'il ne soit trop tard. Le petit Tom a eu peur et a décidé de désobéir. Au moment de filer, il est resté. Et s'est enfoncé dans une galerie, comme celle-ci. Il a tourné des heures, il a cherché une sortie. Les trous d'air l'ont guidé dans sa quête… Il a trouvé une issue. Ses cousins ne s'en sont pas sortis, ils ont péri dans l'incendie. Ils ont perdu, il a gagné.

Tom referme l'enveloppe. Il est anéanti. Ses poings tapent le sol à se casser les phalanges. Il a envie de crier. Ce jour-là, il a désobéi. Il n'a pas su retenir les autres. Les convaincre qu'il avait raison de suivre sa peur, son instinct. La peur peut sauver. Pourquoi n'a-t-il pas obéi à son cousin préféré ? Son héros, son modèle. Celui à qui il voulait ressembler. Celui qui savait tout. Dont l'avenir était tracé. Il lui a tourné le dos. Il pense à Samuel. A-t-il le droit de chercher une issue ? Et de le laisser tomber lui aussi ? Il se sent tout près du but et en même temps si loin. Anéanti, oui. Plus de bras, plus de jambes non plus. Et un sentiment qu'il n'avait éprouvé depuis longtemps. Confronté à ses fantômes qui réactivent sa culpabilité. C'est dans la formation, c'est dans le « coxage ». Traquer la faille, la rouvrir pour mieux la refermer. Jusque-là, Tom n'a pas craqué. En Corse, dans cette grotte sans lumière, il n'a pas non plus craqué. Le feu ? C'est l'issue. « Il y a toujours une issue, il y a toujours une issue » : cette phrase résonne en lui. L'enveloppe lui brûle les mains. Il n'a pas réfléchi. Son instinct lui a dicté de la détruire. De couper avec ce passé qui l'aspire et le tétanise comme le froid. « Je suis vivant dans un corps mort », une volute de cendres s'envole jusqu'à la voûte. Il replonge sans réfléchir par où il est arrivé. Tom a faim, Tom a soif. Il redouble de force. Il ne pense plus à Samuel. Ni à ses cousins. À ce moment précis, il pense à l'issue. Il regarde ses mains d'enfant qui ont grandi, se voit se relever courir vers le boyau qui s'agrandit et devient peu à peu galerie. Au fond, une lumière d'hiver. Et un trou de verdure, une lande bretonne cette fois-ci. Il hésite, cherche son ami encore coincé dans le ventre de la terre. Son regard a bien changé. « Adieu, la Corse ! Un autre maquis m'attend », se dit-il en attaquant le petit talus qui le sépare de la mer.

Robin scrute la scène. Tom est enfin sorti de sa prison.

Le béret vert est désormais à sa portée.

LA *SURF CONEXIÓN*

Un Panther vient de se poser sur le pont du *Ventôse* au-delà des douze milles nautiques, au large de l'île de Curaçao. Un groupe de six hommes sort lourdement chargé de l'hélicoptère. Des caisses de munitions, des sacs, du matériel... Robin sort le premier, suivi de Tom, le *Bidou* – c'est comme ça qu'on appelle le plus jeune de la bande –, Ari, le nageur-palmeur d'Hubert, et son binôme Kim, Nicolas et Eddy, deux tireurs de haute précision de Penfentenyo. Elliot, l'infirmier de Trépel, Carlos et Luka, les CTLO[1] de Jaubert, Ronan, chef de raid ECUME[2], et Geoffroy le pilote de Ponchardier, ainsi qu'un trio de Kieffer composé de Boris, le droniste, ancien de Monfort, Merlin, le spécialiste en explosifs, Max et son chien Lucky, ont été déposés à bord de la frégate par des rotations précédentes.

---

1. Contre-terrorisme libération d'otage. Groupe spécialisé dans chaque unité Commando, sauf aux Commandos Kieffer et Ponchardier.
2. L'Embarcation commando à usage multiple embarquable est une embarcation semi-rigide utilisée par la Marine nationale française fabriquée par Zodiac Milpro.

— Bienvenue à bord, Capitaine.

— Merci, Commandant.

— Ah, mais je reconnais quelques têtes de nageurs ! constate Brice Ollier, le commandant de la Frégate.

— Oui ! On prend les mêmes et on recommence. Notre reconnaissance de plage il y a deux ans n'aura pas servi à rien, acquiesce Ari, tout heureux de se retrouver à nouveau sous ces latitudes.

Avec Kim, ils ont déjà passé du temps au large de la Colombie et ses plages du Nord. Ils appartiennent au groupe de reconnaissance qui repère et répertorie toutes les zones côtières en vue de futures opérations sensibles. Ari se voit déjà nager au milieu du banc de dauphins venus les saluer à leur arrivée. Il revit, se reconnecte avec ce qu'il y a de plus précieux pour lui, la flore et la faune sous-marines. Et même si la phase « reconnaissance » est tout aussi délicate qu'une infiltration, il aime ces longues heures d'attente et d'observation pendant lesquelles il ne se passe rien. Avec Kim, ils sont devenus inséparables, et ça tombe bien, car une plongée, « ça se fait collé-serré », comme il le rappelle systématiquement aux candidats au cours nageur. « À l'instant T, il faut zéro doute… » La plongée est tellement technique et contraignante qu'elle ne peut fonctionner que sur des automatismes. Il faut faire abstraction du froid, du trop chaud, de la nuit, du stress, et parfois de l'ennui. Maintenir un cap au compas magnétique, sans dépasser les sept mètres. Pas de repère à part les récifs. Sabotage, renseignement, interpellation et évacuation sont la finalité de leur mission. Ils se connaissent parfaitement avec leur binôme, ne font qu'un et respirent à l'unisson. Sous l'eau, il n'y a aucune place pour l'approximation. L'erreur peut être fatale. Ils traquent la routine. Ari vient de fêter ses 35 ans et une bonne décennie au Commando Hubert à quelques brasses de Saint-Mandrier, dans la région de Toulon. Il a trouvé là-bas tout ce dont il rêvait. À Tahiti où il a grandi, il n'avait jamais entendu parler des nageurs de combats. « C'est quoi, ces bêtes-là ? » lui a demandé son père. Petit, lorsqu'on lui demandait ce qu'il voulait faire plus tard, il répondait : « Je veux nager et arrêter des méchants. » Son père lui disait que ce métier n'existait pas, qu'il pouvait être sauveteur, pêcheur, aventurier et même apnéiste, mais que faire la guerre en masque et en tuba, ça ne collait pas. Alors, chaque soir, il s'inventait un rôle dans des missions périlleuses. Il devenait le « Justicier palmé ». Jusqu'à ce qu'on lui parle des « Nageurs de Combat » et du Commando Hubert[1]. Il s'est engagé sans hésiter. Mais avant cela, direction la Bretagne et le GROUCO comme les commandos aiment encore désigner leur base à Lorient. Un autre monde, celui du froid et du gros grain. Il a passé quatre ans à Trépel comme opérateur[2], avant de rejoindre l'unité d'élite de ses rêves à côté de la rade varoise. Il a renoncé au sable blanc, aux cocotiers et à l'eau à 26 °C. Dès les premiers tests, on a décelé chez lui une aisance sous-marine hors norme et une adaptation à la plongée sous contrainte et en situation de stress.

1. Le Commando Hubert est basé à Saint-Mandrier. C'est le Commando spécialisé dans l'Action sous-marine et le contre-terrorisme.
2. CTLO

Pour les nageurs, il s'agit de ne pas respirer tout à fait comme les autres et de supporter l'oxygène pur. Depuis, Ari fait « la guerre sans tuba » et le monde du silence lui appartient.

À peine arrivé, Robin prend le pouls de l'équipage. « Quand tu embarques sur un bâtiment, la première chose à faire, c'est la tournée des popotes », confie-t-il à son poulain dont c'est la première mission. Celui-ci n'évalue pas concrètement ce que les Commandos représentent au sein de la Marine. Et la position à part qu'ils occupent, et au cœur d'un dispositif plus large. Par expérience, le lieutenant de vaisseau sait que ce moment va sceller l'appartenance de Tom au groupe. Lui permettre de s'affirmer, sans s'imposer. Ils vont naviguer pendant six semaines aux côtés des autres marins et apporter à l'édifice de la lutte contre les stups, une contribution marquante et indispensable. Robin sait qu'une bonne préparation à la mission garantit son succès. En bon officier de marine, il sait que l'entente avec les chefs de quart, les boscos[1], les pilotes d'hélico et les autres membres de l'équipage, ne peut que renforcer les chances de réussite. Du mécano au timonier, ils vont être nécessairement un peu jaugés, mais surtout sollicités par tous.

— Si certains sont partants pour une séance de tirs à la 12.7 avec nos ESNO[2]… suggère Robin.

1. Maître de manœuvre sur un navire
2. Équipe spéciale de neutralisation et d'observation : les ESNO sont des groupes spécialisés dans le renseignement et le tir d'élite, et répartis dans chaque Commando, excepté Kieffer et Ponchardier.

— Ah, vous savez comment vous y prendre, Capitaine. Je crois que vous allez avoir une liste de candidats longue comme le bras, à commencer par moi ! Si je trouve un moment pour venir mettre quelques bastos au milieu de la cible, je serais le plus heureux des hommes ! se réjouit le commandant.

— Excellent et honoré !

— 9 heures demain, sur la plateforme aviation ! ordonne le pacha du bateau.

— À vos ordres, Commandant !

En quelques heures, le groupe de Robin est adopté par tout l'équipage. Dans la salle de réunion du bord, Nico, le chef des Tireurs Haute Précision, expose le drill[1] qu'il compte proposer à l'équipage. Depuis quatre ans au Commando de Penfentenyo, ce tireur expérimenté a enchaîné la Libye, l'Irak, la Syrie, le Mali et des sauts de puce exotiques. Il s'est montré fiable et précis, non seulement dans les phases de préparation, mais aussi de transmission et d'exécution. Renseignement et appui sont les deux piliers de son travail. Sa devise : Le diable se niche dans tous les détails, à nous de l'en extirper. Petit, nerveux, il canalise son énergie dès qu'il se lance dans l'élaboration de sa mission. On ne peut plus l'en décoller, il devient tatillon, limite obsessionnel. Il envisage toujours le pire et multiplie les options en cas d'imprévus. Ses équipes peuvent compter sur son implacable franchise.

— Longue distance aussi ? demande le Tireur à Robin, qui prend son rôle de chef de drill très au sérieux.

1. Exercice répétitif et intensif afin de créer un automatisme

— Surtout longue distance ! Les marins du *Ventôse* n'ont pas forcément l'occasion de se la donner en tir et, entre deux et six cents mètres, ils ont de quoi bien s'amuser…

— Alors dans ce cas, les palmeurs, vous irez faire vos pesées à la palme à sept mètres, lance Nico aux deux nageurs, faut bien qu'on mouille tous un peu la chemise !

— Ah mais nous, on ne demande que ça ! Hors de l'eau, on s'asphyxie… faut qu'on fasse boire nos branchies ! T'as remarqué ? s'amuse Kim en imitant un poisson pêché qui frétille hors de l'eau.

— O.K. ! Belle remise en jambe pour tout le monde… En attendant, on va sécuriser tout l'attirail dans l'armurerie, ordonne Robin. T'as prévu quoi ?

— Glock, HK 416, Minimi 7.62, Mag 58 et Barret pour le VIP ! précise Nico.

— Et pour les tirs de longue distance ? demande Tom.

— À toi de deviner ! s'amuse l'ESNO.

*

*　*

Il est minuit lorsque le camion d'Alejandro et de Diego se range sur le côté, tout près d'une grande grille surmontée d'une caméra de surveillance. Les allées sont désertes. Aucune circulation dans ce quartier cossu des faubourgs de Cùcuta, situé à une trentaine de kilomètres de la frontière vénézuélienne. Les deux hommes se grillent une cigarette, attendant manifestement un signal. Alejandro, le plus jeune des deux, est fébrile. Il regarde dans son rétroviseur, son téléphone, sa montre. Son collègue, agacé, affiche une tranquillité de façade. Car ils ne sont pas là pour une promenade de santé…

— Tu vas voir qu'il va nous faire poireauter, l'autre abruti avec sa tête d'ampoule, s'énerve Alejandro. T'as remarqué, faut toujours qu'il fasse le grand seigneur. Alors que c'est qu'un troufion de base qui fait des allers-retours sur sa pétrolette entre sa grille et son bunker… Rien de dingo, quoi.

— Calme-toi, tout va bien se passer… On s'en fout du troufion… On fait notre taf comme d'hab, et *basta cosi* !

— Tu dis que c'est comme d'hab, mais moi je te dis que c'est pas comme d'hab. Je le sens pas, cette fois… et puis on a croisé des flics, j'ai pas aimé les gueules qu'ils ont tirées… Ils ont regardé notre camion avec insistance.

— Les flics, ils s'en foutent… Ils ont pas que ça à foutre… C'est une patrouille à la con… C'est pas des Lanceros et nous on n'est pas des Farcs ! Ils en ont rien à foutre de nos trafics !

— Ah ouais, tu crois ça, toi ?

— Je crois rien… je fais mon taff.

— Ma femme, elle pense que…

— Ta femme, tu sais quoi, je m'en bats les couilles ! Elle ferme sa gueule… elle torche ta marmaille et elle palpe l'oseille, non ? Alors arrête d'écouter ses conneries…

— Ouais, ben moi, je le sens pas…

— Toi, tu sens jamais rien et tu chies dans ton froc… Pète un coup ! Et laisse-toi porter… On n'est que des convoyeurs, on n'a rien à penser…

Diego tend l'oreille, il entend le bruit d'un moteur s'approcher. Moins d'une minute se passe et le portail électrique s'ouvre sur un petit homme moustachu, dénué d'expression, perché sur un vieux solex. Il leur fait signe de les suivre sans réellement les regarder.

— Sa tronche, putain, sa tronche de faux derche, je m'y ferai jamais…
— On s'en tape de sa tronche, on n'est pas là pour ça…
— D'où il fait le blasé, ce connard ? Heureusement que t'es au volant sinon je l'écraserais, ce moustique…
— Il fait sa part du job, on s'en fout. Ta gueule maintenant !

Le camion longe une allée qui mène à un grand bâtiment luxueux et contemporain, perdu dans une végétation aux allures de jardin botanique. La camionnette se gare sur un petit espace prévu à cet effet. La rumeur d'une fête s'échappe du roof-top. Diego jette un œil du côté de la piscine éclairée ; deux adolescents allongés sur des transats fument et rigolent, un cocktail à la main. « Y'en a qui se font pas chier », pense-t-il en imaginant ses jumeaux qui grandissent et qui mettent des sous de côté en travaillant dans une *Taquiera* de Medellìn. Lui économise pour les envoyer dans deux ans à l'université. Alejandro est moins pragmatique. Ancien junkie, il oublie parfois pourquoi il participe à tout ce trafic. Devant une Pontiac Firebird garée au milieu d'une rangée de 4 x 4, il reste médusé et en perdrait presque le fil de sa mission.

— T'as vu ? Ça, c'est la classe !

— On s'en fout, on est là pour récupérer de la came, pas pour mater de la cylindrée.

— Oh ça va, je dis ça comme ça...

— Tu parles trop.

— Par là ! Par là ! indique le gardien pressé.

— C'est bon, on connaît... *Hijo de puta !* Tss...

Les trois hommes se dirigent vers un petit bâtiment technique dissimulé derrière une épaisse et sombre forêt de bambous. À l'intérieur, des outils, des tuyaux d'arrosage et une trappe déjà ouverte. On les attend en bas. Alejandro et Diego atterrissent dans une galerie d'une vingtaine de mètres de long. Elle débouche sur une vaste pièce carrée, un entrepôt quasi bunkerisé. Trois hommes plongent leurs mains dans de gros sacs de jute, d'où ils extraient des petits cubes conditionnés par dizaines dans du film plastique aux couleurs acidulées et sur lesquels sont collés des stickers *Surf Conexión*.

— Ras le cul... J'en ai marre de faire la mule, chuchote Alejandro.

— Arrête de flipper... Et pense à l'année que tu vas passer avec ce que tu vas palper dans quelques jours. Et puis la *Surf Conexión*, c'est quand même moins glauque comme packaging que la teinture pour les cheveux à l'effigie de la reine des Neige, relève Diego.

— Le résultat est le même, c'est pour que des centaines de milliers d'ados s'en foutent plein le nez.

— Rien ne les y oblige.

— Facile à dire.

— Bon, qu'est-ce qu'ils branlent, les mecs ! s'impatiente cette fois-ci Diego.

Le petit moustachu ne les quitte pas d'une semelle. Un autre homme note scrupuleusement sur un carnet de commandes tout ce qui sort et tout ce qui rentre. Les cubes sont à nouveau pesés. Alejandro évite de s'en approcher de trop près.

— Je ne veux pas qu'une seule poussière de cette daube entre dans mes narines...
— Tss... pauvre petite chose !

Diego ouvre en grand une valise remplie de pesos et de dollars en petites coupures. Elles sont passées à nouveau dans la machine à compter.

— *Todo està bien,* conclut le comptable, lunettes à double foyer calées sur le nez.
— Encore heureux ! ironise Alejandro.

Aucune réaction. Diego les regarde et tente un *Hasta luego*. En vain. Seuls les mots dollars et kilos font partie de leur vocabulaire. Il est temps de partir. On leur donne un coup de main pour charger les deux cents kilos dans leur camionnette, flanquée d'un *Surf Conexión* sur les côtés. La cargaison est placée entre une série de planches et des cartons de maillots de bain. La drogue va circuler en camionnette au milieu de tout le matos qu'ils sont censés livrer. Prochaine étape : les *guest house* de la côte Pacifique du côté de Buritaca. Puis, Alejandro et Diego vont se planquer dans une maison au bord de la rivière où l'attend le reste de l'équipe. À deux reprises déjà, leur petite camionnette en forme de sympathique Surf-Truck a servi de cheval de Troie pour leur juteux trafic… Un business qui semble fonctionner.

*

* *

— Tom, je te laisse montrer à nos camarades ce qu'un commando marine « frais émoulu », tout juste sorti du STAC est capable de faire ?

Tom obtempère, non sans une petite pression au moment de placer son arme à l'épaule. Nico aimerait qu'un de ces jours il rejoigne le Penfentenyo et devienne son spotter[1], au sein du groupe ESNO. Il prêche pour sa paroisse même s'il convient que, pour le moment, il doit tout voir, tout entendre, tout suivre en bon opérateur. Radio ? Pourquoi pas ? C'est un poste indispensable et pas toujours reconnu à sa juste valeur. Une école de l'humilité. Commencer avant tout le monde et se coucher le dernier, porter le matériel sur le terrain, trouver les points hauts et choper le réseau, garantir la fluidité des opérations… Tom voudrait intégrer un CTLO dans quelques années, à Trépel, à Jaubert ou un autre, peu importe, ils sont tous au top. Pour cela, il lui faut toucher à tout : les armes de poing comme le Glock, la mitrailleuse comme la Minimi et puis un lance-missiles du type Javelin, l'Eryx ou encore du calibre 12 pour dégonder des portes. Il faut aussi s'entraîner dur physiquement, être explosif et résistant. Il a le physique et un fort potentiel. Curieux de tout, ce grand brun costaud

1. Tireur d'élite dont le rôle est d'appréhender le danger à 360° pour lui et le Tireur de Haute Précision

a fait des années de musculation, enchaîné les séances de tractions et de sports de combat, et lu tout ce qui concernait la gestion du stress et les techniques de survie depuis que l'homme chasse et pêche. « Chez les commandos, on est des couteaux suisses », lui confirme tous les jours son chef. Merlin alias « L'Alchimiste », le spécialiste en explosifs, ne cache pas non plus qu'il aimerait le récupérer à Kieffer[1], dans sa cellule EOD[2].

— Je veux te voir ramper sur deux cents mètres, bras limite tétanisés, en mode inconfort. Tu tires, tu sautes de là-haut, et même de plus haut, tu débarques de n'importe où, tu me surprends... Tu fais le carton. Compris ?

— Ouais, ouais... Facile quand on est le meilleur tireur d'élite...

— Ça veut rien dire, Tom. Hier j'étais le meilleur, aujourd'hui je repars de zéro, et pour rester vivant demain, j'ai pas la solution miracle ! Rien n'est acquis... lui rappelle Nico.

— Être et durer.

— Exact. Tu n'as pas fini de l'entendre chez les commandos.

— Le max de pression, ouais...

— On est là pour ça. Et tu es aussi là pour nous le rappeler.

---

1. Commando Kieffer – 1er bataillon de Fusiliers marins commandos créé en 1942, commandé par le capitaine de corvette Philippe Kieffer. L'actuel Commando Kieffer date de mai 2008. Il est spécialisé en guerre électronique, action de déminage, milieux contaminés, etc.

2. Explosive Ordance Disposal. Terme anglo-saxon désignant les démineurs et experts en explosifs.

Tom ferme un œil. Il cale la crosse du Barrett 12.7 dans la partie charnue de son épaule. À plat ventre, il cherche à épouser le tangage du bateau. Nico ne le lâche pas des yeux. Au bout de la lunette, des cibles à dégommer. Après cette mise en bouche, il enchaînera par son tir de précision, un classique de huit balles groupées à cinq mètres. Un jeu d'enfant !

Le commandant ne cache pas son amusement.

À Lorient, Nico est une légende chez les ESNO, Ari en est une chez les nageurs à Hubert. Ce petit brun solide, ramassé et pince-sans-rire, a hésité entre militaire et photographe de guerre. Ce qui a fait pencher la balance, c'est la camaraderie, pas forcément évidente chez ceux qui « tâtent de l'objectif » et se battent pour décrocher la une, s'est-il laissé dire…

— Tu vois que tu peux quand tu veux !

— J'avoue, ça le fait…

— On recrute à Penfen, viens ! Tu ne le regretteras pas !

Robin observe l'échange, amusé. Il est content de voir que son poulain est en train de gagner des galons et d'être accepté par le groupe. Il lui reste l'épreuve du feu. Et même si de fortes doses d'adrénaline coulent dans ses veines depuis quelque temps, il est encore loin d'éprouver cet électrochoc de la première intervention. Des jours et des heures de préparation pour quelques minutes d'une très haute intensité. Vite, rapide, précis, brutal en fin de compte. Il s'en souvient, c'était il y a dix ans en Afghanistan. La première embuscade, pas la plus violente, mais ça l'a secoué et ça lui a donné un avant-goût de la suite. Se sont ensuivies des attaques de kamikazes, des IED et autres bombes artisanales, des ennemis invisibles, mais aussi l'amitié et le sens du sacrifice. Si je meurs cette nuit, ça changera la vie de qui ? se demandait-il alors. Depuis, il est resté dans l'idée qu'il ne pouvait y avoir qu'un seul engagement à la fois… Un matin, il ne serait plus dans un avion, il ne sauterait plus, il n'aurait plus la moelle pour partir au pied levé. Peut-être qu'un jour il aura autre chose à se prouver ? Ce jour n'est pas encore arrivé, même s'il sait qu'il faudra bien se résoudre à écrire une suite différente. À quel âge ? Dans quel état ? Il sera peut-être trop tard. Il se doute de ce qui l'attend. Mais il se refuse à faire attendre une éventuelle Pénélope. Ses copains ont quitté la Marine avec comme projet de se réinventer. Combien d'entre eux travaillent encore dans la sécurité ou la protection de « hautes personnalités » ? La majorité. Ils enchaînent les contrats et sillonnent la planète de point chaud en point chaud. Des éternels nomades pour tromper quoi ? L'ennui ? Cette nuit, il pense à Betty. À leur choix de se dire « non ». Pour tout un tas de bonnes et de mauvaises raisons. Parce qu'ils se ressemblent trop, sans doute. Où est cette âme sœur ? Loin de lui. Un jour peut-être, ils se retrouveront sur le même quai et aviseront.

— Notre dernière grosse saisie date de quelques mois maintenant, précise le capitaine de frégate Ollier au lieutenant de vaisseau Robin. C'était un cargo avec 750 kg, 47 millions d'euros à la revente ! À 40 nautiques, un peu plus au nord, pas très loin d'ici.

— D'après les dernières infos de l'antenne Caraïbe, on est sur un réseau qui communique avec un nom de code : *Wax*... comme la cire que l'on applique sur les planches de surf. Moi aussi je m'en sers, mais je ne la sniffe pas ! On a eu des arrestations en métropole, du côté de Bordeaux, qui nous font penser qu'on pourrait démanteler toute une chaîne, de la production à la distribution. Les autorités colombiennes sont au taquet... C'est un coup de filet qui pourrait rapporter très gros à nos deux pays... et qui pourrait même déborder sur le Venezuela.

— Une opération en deux temps ?

— Exacte. La difficulté, c'est la simultanéité à respecter sur le go-fast. Les Colombiens s'occupent de chouffer sur Bogota et Cùcuta. Ils ont accepté qu'on surveille les plages de Buritaca en amont de l'interpellation dans les eaux internationales. Ils connaissent le travail de nos nageurs et ils ne doutent pas de leur discrétion. Ari et Kim sont partis en reconnaissance, ils sont en mode plaisanciers. Ils vont bien nous faciliter le terrain, si tout se passe bien...

— Qui pilote ?

— Geoffroy. Il vient d'embarquer à Ponchardier[1], il a été formé par Ronan. Boris fait partie du

1. Commando Ponchardier ou SAS B – créé en 1945 par l'amiral Henri Nomy pour mener la guerre spéciale en Indochine. Dissous fin 1946 malgré des résultats opérationnels remarquables, il est recréé en 2015 pour donner corps à un Commando d'appui aux opérations spéciales dont la mission est l'insertion des commandos dans tous les environnements : air, terre, mer. Il dispose également d'une escouade dédiée aux moyens spéciaux (armement, munitions, etc.).

voyage, Elliot est avec eux. On garde Ronan pour l'assaut sur le go-fast.

Tom descend de la salle des écoutes avec des informations précises :

— On a logé les deux clients... Deux convoyeurs qui sont arrivés de Cùcuta et remontent la côte. La cellule d'écoute a chopé une conversation avec une certaine Rosita...

Tous les matins, les petits cabanons, kiosques et baraques à touristes se font livrer toutes sortes de produits frais pour la journée, des fruits exotiques, du café, des bières et même du sel dans des camions réfrigérés. Jusque-là, rien d'anormal. Le Truck d'Alejandro et Diego se rapproche tranquillement de Buritaca, déposant çà et là quelques planches de surf... Ils sont branchés sur les ondes des douanes françaises, vénézuéliennes et colombiennes, et se calent sur les mouvements des unes et des autres. Le jour, Boris, Geoffroy et Elliot restent sur la petite embarcation couleur locale et relèvent à distance les mouvements habituels et inhabituels, tandis que Ari et Kim se rapprochent des plages de Santa Veronica, se mêlant parfois aux surfeurs en mode discret.

À bord du *Dolce Vita*, Boris, Geoffroy, Ari et Kim grenouillent entre les bateaux de plaisance, tantôt au mouillage tantôt au large, au beau milieu de ce petit paradis pour les touristes et pour la glisse. Le vent s'est levé depuis trois jours. De 15 à 30 nœuds en moyenne, il ne faiblira pas avant un bon paquet de semaines. Ari et Kim vont planquer, nager, prendre des clichés, tapisser et remonter le bras de rivière pour visiter les villas et identifier les entrées et les sorties de bateaux. Une fois qu'ils les auront localisés, ils retrouveront le trio à bord, puis retour au bercail. Fort-de-France fait à nouveau état d'une conversation entre Rosita, localisée dans le quartier de la Mangrove, et deux équipes distinctes. Une maison sur pilotis où attendent des « mécanos » et une « camionnette » en route avec la « Wax ». Tout ce petit monde a rendez-vous à la « Villa ». Il est question de « fête maintenue », de « surf » et de « matos » à expédier pour une « qualification » pour les « championnats ». Les mots ne sont certainement pas choisis au hasard...

— Ça sent le rendez-vous du côté des Antilles !

— D'après la police mexicaine, la camionnette a été localisée du côté de Santa Marta, à une cinquantaine de kilomètres de Buritaca... précise Robin à la petite cellule de cinq.

— On est en place, on grenouille, R.A.S.

— Sortie prévue quand ?

— Ce soir, on repère le spot des « mécanos », Boris nous envoie un Black Hornet[1] pour récupérer un maximum de « rens » et ensuite, on se carapate...

Kim est imbattable sur le jeu des 7 erreurs. Lors des tests au cours nageur, il était capable de restituer la configuration exacte d'un port, des récifs à contourner, de ceux sans danger, des bateaux en place, de la meilleure zone de débarquement, avec la garantie de s'y introduire sans être vu. Un vrai ordinateur greffé dans le cerveau. Il est

1. Nano-drone en forme d'hélicoptère

minuit lorsqu'ils quittent le *Dolce Vita* en compagnie d'Ari. Ils ont une bonne heure de palme avant de rejoindre le point d'observation. Ari retrouve les sensations d'eau chaude qui lui manquaient depuis sa dernière mission en mer Rouge, non loin des îles de Taëz. La température, la lumière, la salinité, la puissance des vents et des courants ont leur importance dans la préparation. Ça lui vient des plongées préparées minutieusement par son oncle, aux abords des îles Tonga, précisément sur le cap du Capricorne. « Quand tout est bordé, pas de raison de stresser », lui disait-il à chaque départ. La première fois qu'il a senti la faille sous ses pieds, ce gouffre de onze mille mètres, à la fois attractif et fascinant, il a croisé son regard et a compris qu'il était du même bois, que ses racines étaient davantage sous-marines que terrestres. Inutile désormais de craindre la mer puisqu'il avait décidé de s'en remettre à elle. « Un combat de moins pour un nageur d'Hubert », répète-t-il désormais aux aspirants commandos en leur plantant son regard noir lorsqu'il veut faire monter la pression d'un cran. La plongée pour ces deux-là, c'est un plaisir qui se mérite. Ils parlent pendant des heures de leur vie sous l'eau, des gestes techniques, de la fréquence cardiaque dans l'effort. Aucune bulle ne remonte à la surface, aucun mouvement n'affleure, rien n'indique la présence de ces guerriers palmés. Leur péché mignon : regarder les étoiles sans être vus. Au sein des Commandos, ils sont un peu à part, pas très bavards, en vase clos. Certains plaisantent sur leurs branchies à la place des poumons qui les empêchent de parler, de se confier.

— Ils font un boucan d'enfer, les mecs ! On va finir par se faire repérer... s'inquiète Alejandro à peine débarqué dans la villa de Buritaca.

— T'inquiète ! Ça fait la fête tout autour, et puis tout le monde répare son bateau ici !

— À quelle heure est fixé le départ ?

— Rosita a dit minuit. On bouge plus.

— Alors je vais aller chercher un peu de cachaça à l'épicerie avant que ça ferme...

— On bouge plus d'ici, je t'ai dit !

— Qu'est-ce que ça peut faire ? En dessous, ils planquent la dope, et nous, on attend comme des cons !

— On a deux cents kilos de matos à livrer et à part ça, tu crois qu'on va picoler ?

— Tss, me dis pas que t'as jamais picolé avant un go-fast !

*

*   *

Au bord de la rivière Buritaca, sous la villa construite sur pilotis, deux hommes soudent une plaque dans le bateau à moteur de douze places d'ordinaire destiné à emmener des touristes au large de Palomino. Dix sacs étanches de vingt kilos de « wax » en cubes y ont été dissimulés. Une vingtaine de planches de surf complète la cargaison. Ils sont censés livrer le matériel en vue de la prochaine coupe de surf organisée prochainement aux Antilles.

Alejandro et Diego tournent en rond. Ils n'arrêtent pas de regarder leur montre. Déjà une heure de retard sur la feuille de route, les hommes sont tendus. Les mécanos remontent enfin.

— Tu me donnes la fréquence des douanes ? demande celui qui est censé piloter le bateau.

— Ils sont sur la 2, indique Diego.

— On mange un bout avant de partir, histoire de pas vomir nos tripes ? Ça va bastonner.

— Avec le bon de commande en bonne et due forme, tout ce camouflage et les planches, si on nous arrête, on devrait nous laisser filer… se rassure Alejandro.

*

*   *

Sur le *Ventôse*, les nouvelles sont plutôt bonnes… La police colombienne a cerné la villa de Cùcuta et attend le feu vert de Robin et ses hommes pour intervenir. Tout est en place de leur côté, ils vont taper le laboratoire clandestin et faire le gros coup de filet qu'ils préparent depuis plusieurs semaines. Robin renseigne le Centre opérationnel inter-Armées, gère la coordination avec l'Antenne Antilles de la PJ et les différents commandos ventilés sur le dispositif. Le *Dolce Vita* tarde à livrer ses dernières infos…

— Boris, de Robin, où en est le *plancton* ?

Le plancton, c'est le nom que se donnent Ari et Kim en mission. Depuis le jour où ils étaient restés en statique dans un port, le long d'un embarcadère, et s'étaient retrouvés assaillis et recouverts de micro-organismes qui avaient dû les prendre pour un récif. Sur leur combinaison, de minuscules poissons étaient venus se coller et une fine couche de plancton s'était aussi formée.

Sur l'autre rive, là où la rivière rencontre la mer, les deux nageurs observent les hommes à l'étage de la maison. Par chance, ils ne sont pas sur la terrasse. Ils discutent, changent de pièce, n'ont pas l'air de se soucier de ce qui se passe sous la maison… À marée haute, il leur faut quelques minutes pour traverser et le même temps pour poser un dispositif de brouillage particulièrement efficace. D'après leur timing, ils auront rejoint Boris et Geoffroy dans moins de deux heures… Ils sont dans les temps.

— On s'emballe pas, les gars, mais sous le plancton, il semblerait qu'il y ait un bon paquet de poissons…, relaie discrètement le droniste à l'ensemble de ses camarades.

La reco des nageurs, doublée du Black Hornet a payé. Sur le pont d'envol de la frégate, l'hélicoptère Panther attend le signal pour décoller. L'ECUME est mise à l'eau. L'embarcation rapide peut soutenir une vitesse de 40 nœuds par une mer force 4 et emmener les hommes à l'assaut. Robin a opté pour deux assauts simultanés. Nico d'un côté et Eddy de l'autre, qui a rejoint un Puma à Fort-de-France en compagnie de Tom. Nico est chargé de traiter le bateau « mère » qui va livrer la drogue au large des côtes de la Martinique ou des îles Grenadines à partir du Panther, en appui de l'ECUME. Eddy s'occupe du bateau « fille » à partir du Puma en provenance des côtes martiniquaises avec Tom, et trois CTLO vont l'investir, en corde lisse.

— Touchy, mais si on veut couper toutes les têtes du réseau, c'est maintenant, conclut Robin.

L'acheteur, un Franco-Colombien, vend des stages de surf sur les côtes martiniquaises et écoule la cocaïne, parfois en poudre sous forme de pain de « wax », parfois en « crème solaire » de la même marque : Surf Conexión. Une sorte de « collab » particulièrement juteuse avec le réseau Cùcuta. Des dizaines d'hommes sont mobilisés sur cette opération depuis des semaines. Sur les écrans radars, Robin suit la position du hors-bord des narcotrafiquants. Il attend surtout qu'apparaisse celui des acheteurs. Sur les renseignements des nageurs, l'embarcation des Colombiens a pris le large. Reste à fixer le bateau « fille » qui devrait avoir quitté son île depuis un moment. La nuit, la navigation est au ralenti, ceux qui filent plus vite que les autres sont tout de suite repérés. Un premier point lumineux apparaît, puis deux, qui se déplacent sur le même axe, à une vitesse qui ne laisse plus de place au doute.

— Ces deux-là sont faits pour se rencontrer ! Pas de ski nautique, pas de plongée à cette heure-ci ! Nos deux clients se sont fixé leur rendez-vous… À nous de les localiser le plus précisément ! annonce Robin.

— On choisit quelle cible en priorité ? demande Ronan.

— Notre position est excellente ! À mi-chemin des deux. On va aller les cueillir ! Cette fois-ci, aucune raison de ne pas taper des deux côtés simultanément… Tous les voyants sont au vert pour passer à l'action. Toutes les douanes du coin, à commencer par la nôtre, sont informées !

— Pour une fois que ça réagit vite… Le Venezuela aussi ?

— Oui, ils jouent le jeu, ils renseignent. Ce sont leurs voisins qui vont récolter les lauriers, mais ce n'est que partie remise. Bogota a fait tout le travail d'investigation… Le retentissement des arrestations, ça motive les troupes !

— Ça fait monter les enchères, c'est ça ?

— Ça finance leur lutte interne ! Tant mieux pour eux. On laisse la diplomatie faire sa partie et nous, on se concentre sur l'intervention… Tu mobilises les ESNO ? Dernier briefing dans la salle des cartes avec l'équipe du Puma en visioconférence. On attend les infos de l'Antenne Caraïbes, ils s'assurent que ça bouge du côté de Fort-de-France.

Le Panther décolle depuis le *Ventôse*, le Puma depuis la côte martiniquaise. Chacun son plan de vol. Nico va se charger du bateau « mère », baptisé l'*Urubu*.

L'ESNO compte mettre les moteurs HS après les sommations d'usage. Le tireur réprime son impatience. Pour bien observer et neutraliser, il faut être prêt à tout moment, mais prendre le temps qu'il faut. Question d'équilibre. Ce à quoi il aspire. Il faut une sacrée dose de confiance en soi et longtemps il en a manqué. Gamin, il s'était inventé un destin de chef indien, beaucoup plus exotique que son quotidien. Il s'appelait Wolf. Il se disait que sa peau était rouge de l'intérieur et qu'il possédait des dons de médium. Ça lui a sauvé son enfance, comme une forme de résilience… La famille Commando a fait le reste. Elle lui a permis d'accéder à une forme de sérénité. « C'est paradoxal, mais c'est comme ça », a-t-il confié à Gillou, lorsque ce dernier lui a demandé d'où lui venait cette assurance. « Réflexion, Projection, Action » furent ses mots. Des heures sans bouger, c'est la base du Tireur de Haute précision. À la nuit bleue, il lave sa conscience des pensées parasites. En mission, il s'efforce de les mettre de côté pour plus tard. Il se doute qu'elles referont surface, mais il y a un temps pour tout. Son goût pour le tir de précision lui vient peut-être de là. De ce temps suspendu pendant lequel tout est possible. Enfant, il aimait faire des ricochets, fabriquer des frondes, faire des tournois de tir à l'arc avec son frère et ses amis. Jusqu'au jour où il a assisté à un lancer de couteau qui a failli très mal tourner. Le lanceur a loupé sa cible deux fois et a frôlé la tête de son assistant. L'homme blême et les jambes coupées a gardé son calme tout le long, il est resté de marbre. Le déclic de Nico s'est peut-être fait à ce moment-là. Il y pense parfois, lorsqu'apparaît sa cible dans le viseur. Traiter l'ennemi, sans trembler. Pas de fascination pour les armes, mais un goût pour la maîtrise de son corps et de son esprit.

*
*   *

— T'es sûr de ta putain de fréquence ? Impossible de joindre Rosita…

— Bah oui, tu te mets sur 2.

— Ça marche pas… silence radio… on avait convenu d'un premier contact à H-1 et là, ça urge…

— Qu'est-ce qu'on fait ? On ralentit du coup ?

— On est comme des cons au milieu de l'océan…

— On va trouver…

— Diego pour Rosita ? Vous m'entendez... Putain ! Ça marche pas ! Ça marche pas !

— Je comprends pas : le GPS indique qu'on est sur la bonne route.

*

* *

Pour le moment, tout se passe comme l'avait prévu Robin. L'ECUME et les équipes hélico attendent le feu vert pour fondre sur leurs cibles. Tom suit les consignes de son chef. Les yeux rivés aux écrans radars et aux infos qui se précisent.

— Robin à Boris. Pas mal ce brouilleur... tu m'expliqueras ? lance-t-il au spécialiste des drones qui a confié son nouveau joujou aux deux nageurs.

— Vous croyez qu'on branle le mammouth à Kieffer, Capitaine ?...

— C'est quoi, l'idée ?

— Ari et Kim ont posé une petite puce qui va bien. Vous n'avez pas encore tout vu. Le deuxième effet Kiss Cool ! Un truc qu'on a bidouillé cet hiver avec la cellule d'appui électronique... Un petit spoofer sur le GPS, ça marche toujours ce leurre, c'est un peu diabolique ! savoure Boris, content de ce premier succès en mission.

— Je vois le genre... une déviation de quelques degrés, ni vu ni connu...

— C'est ça, et plus un pet de jus dans leur moteur dans... 15 minutes très précisément...

— Dis-moi où est notre acquéreur.

— Il se rapproche du bateau mère... bien tranquillement...

— On commence par taper nos amis colombiens ! Tout le monde est prêt ? De Alpha à tous : Top assaut !

Combinaisons étanches, chaussures de mer, cagoules, amplificateurs de lumière, armes de poing, armes longues, Robin et son chef de raid filent en ECUME, drivée par Ronan, le meilleur « commando taxi » comme il se définit lui-même : trente ans de marine, respecté de tous, la star de Ponchardier. Plus le timing est serré, plus sa conduite sportive impressionne ses camarades sans jamais les inquiéter. 20, 30, puis très vite 40 nœuds… Les silhouettes bougent à peine, calées à califourchon sur leur siège, la meilleure position pour ne pas basculer. Même en pleine nuit, Ronan ne se sépare jamais de son cache-nez couleur sable. Il le remonte jusqu'aux yeux, comme une seconde peau, laissant dépasser ses yeux bleus soulignés de rides, qui lui constituent un paquet d'expressions. Après Jaubert et un passage à Montfort, il a décidé de rejoindre l'escouade mer du Commando Ponchardier. L'eau, le sable, la rocaille, la vitesse, les coups de pression, tout ce qu'il aime ! Il est comblé. De l'adrénaline en barre à chaque sortie !

Le bateau des trafiquants file droit. Sans GPS, il navigue à vue. Peu importe, ils sont dans l'obligation de livrer la marchandise, sinon ils sont morts et adieu l'université pour les jumeaux de Diego. Ils sont à trois nautiques des eaux territoriales françaises. Le Panther les a en visuel. Le tireur ne les lâche pas. Mille mètres, huit cents mètres, sept cents mètres… « Stand-by », temporise Nico. Pleine nuit et pleine mer, il faut encore se rapprocher. L'hélico éclaire avec son phare et le mécano demande au bateau de s'arrêter. En vain. Premiers tirs de sommation au SIG 552 à l'avant du bateau. Les deux moteurs hors-bord turbinent à toute vitesse. Il faut toucher les deux pour le stopper d'un coup.

One shot. L'ECUME met les turbos pour éviter que les gars ne balancent quoi que ce soit par-dessus bord. 30, puis très vite 40 nœuds à nouveau. Le nouvel engin dont sont dotés les Commandos est plus stable, même en vitesse de pointe. Ronan le trouve plus massif lorsqu'il faut arraisonner à toute allure, mais super autonome, avec des moyens de transmission impressionnants. Il s'y fera, c'est sûr, même s'il regrette l'ETRACO[1], plus petit, plus ramassé. À l'instar des guerres, le matériel évolue. On ne regarde pas en arrière. Une mission chasse l'autre, même si on ne peut pas s'empêcher de les comparer. Il aime la conduite nerveuse de ces engins ; lancés à grande vitesse, ils procurent le shot du flirt avec la limite de sécurité un peu trop dépassée. Robin et Tom tiennent les quatre gars en joue, et Carlos et Luka, suivis de Max et du chien, sautent sur le pont. « *Back ! Back ! Don't move !* Ne bougez pas ! » Diego et ses acolytes restent immobiles et se laissent plaquer au sol, comme s'ils n'avaient rien à se reprocher.

— *Que pasa ? Surf ! Surf ! Only Surf camp ! Championship !* tente l'un des trafiquants aux allures de surfeur peroxydé.

---

1. Embarcation de transport rapide pour Commando, majoritairement utilisée avant l'arrivée des ECUME

Robin et Tom restent sur l'avant du bateau, tandis que les CTLO se précipitent dans la cale. Des dizaines de surfs occupent toute la place. Max se laisse guider par Lucky qui fouille à pleines narines mais ne marque pas. Il veut s'enfoncer dans la cabine totalement obstruée, le maître-chien lâche un peu de lest.

— C'est quoi, cette embrouille ? s'exclame Carlos circonspect.

— Attends, on va lui sortir quelques planches sur le pont.

Carlos s'exécute. Le chien ne réagit pas.

— Bordel ! Va falloir les casser les unes après les autres. Pour voir si elles sont fourrées à la coke, ou bien ?

— T'inquiète, si Lucky marque pas là, c'est qu'autre chose l'intéresse... *Go, Lucky ! Go !*

Le chien se fraie un chemin, monte sur les planches. Max sent qu'il y a quelque chose plus loin. Sur le pont, les quatre Colombiens, visages fermés, vont plaider non coupables, mais ne se font pas trop d'illusion. Ils se demandent juste où ils ont merdé.

— Bon, en attendant, on tapisse pour nos collègues de Bogota. Et on emmène ces quatre tronches en métropole, histoire de leur faire visiter Fleury-Mérogis !

À dix nautiques, le Puma file droit, il a décollé peu après le Panther, avec Eddy à son bord, un spotter, trois commandos CTLO de Trepel, ainsi que Tom. L'assaut simultané et à distance est sans doute ce qu'il y a de plus difficile à coordonner, mais c'est ce qui pimente encore un peu plus l'affaire. Le bateau « mère » n'est plus joignable depuis plusieurs minutes, Rosita pourrait s'en étonner et surtout, l'acheteur pourrait être tenté de balancer son argent par-dessus bord avec tous les contacts et les preuves que renferment leurs téléphones satellites. Dans un éclair de raison, il pourrait se demander ce que valent 200 000 euros au regard de vingt ans de prison... Il faut faire vite. Les avions de surveillance indiquent qu'il ne change pas de cap. Jusqu'ici tout va bien.

— De Robin à Tom, vous êtes en approche ?
— Affirmatif, Capitaine !

Tom suit le point lumineux sur son écran de contrôle. Le Puma grignote son retard en un rien de temps. Eddy est prêt à tirer au gros calibre dans les moteurs. Dans ses lunettes, un père et son fils ayant davantage l'air de riches propriétaires de villa que de petites frappes des quartiers mal famés de Fort-de-France.

— Nos gars ont envie de connaître encore quelques sensations avant leur long séjour en cabane ! Ça se défend ! ironise le pilote dans les casques du tireur et des opérateurs.

— Ne jamais sous-estimer son ennemi, repense Tom.

— Robin à tous : s'il refuse d'obtempérer, vous leur mettez une petite praline dans le carbu ?

— Reçu, Capitaine !

La sanction est immédiate. Quatre impacts, dans les moteurs de propulsion.

— À tous ! Le client est immobilisé… plus de son, plus d'image !

L'hélicoptère se positionne au-dessus du hors-bord, comme pour marquer son territoire et surtout permettre aux quatre commandos de descendre en corde lisse. Les commandos ne quittent pas de vue les deux hommes qui sont sur le pont, mains en l'air. Tom et les trois CTLO n'ont que quelques secondes pour descendre, c'est la phase la plus critique et la plus redoutée, car c'est là qu'ils sont le plus vulnérables. Le mécano actionne le treuil, il faut faire vite, les déposer, se décaler et assurer de nouveau un appui digne de ce nom. En dix secondes, l'équipe est sur le pont, l'hélicoptère se replace en latéral à une cinquantaine de mètres. Tom ferme la marche, ne quitte pas des yeux les deux Français. Une bourrasque le décale de son axe. Il perd l'équilibre. Le client hésite, se penche en avant comme s'il voulait attraper quelque chose au sol. Une arme ? Pas le temps de voir, deux commandos lui tombent dessus. Dans le chaos, le fils du trafiquant tente lui aussi de s'emparer d'un objet au sol. L'amplitude des vagues poussées par le vent du Nord complique la progression du troisième commando. On entend un avertissement du haut-parleur « Marine nationale, levez les mains bien haut ! »

— J'ai le père en visuel ! confirme Eddy. Tu as le fils ? demande-t-il à son spotter.
— Négatif, répond celui-ci d'un ton sec.

Où est Tom ? Tombé à la baille ? Impossible. Eddy retient son souffle. Il aperçoit le plus jeune, en panique, l'arme au poing visant la queue de l'hélicoptère. Sa paume explose et l'arme avec. Le coup est venu de nulle part. Le CTLO cravate le blessé. Eddy fouille du regard l'embarcation. Tom est allongé au sol, il a tiré le premier. Dans le tableau de bord, les hommes de Robin retrouvent deux Glock chargés et un gros sac de billets enveloppés dans un *Surf bag* aux couleurs de la *Conexión*.

Tom se retourne et adresse à son ami un regard qui en dit long. Dès demain, lui et les autres continueront de sauver des vies au péril de la leur.

LE *POLARIS* NE RÉPOND PLUS

Ce matin, Lucky a l'œil triste, il boude sa gamelle remplie de poissons séchés. Max ne l'a jamais vu dans cet état-là, mais il ne s'inquiète pas, il compatit. Dans quelques minutes, il faudra lever le camp sans se retourner. Drôle d'ambiance dans son groupe. Le maître-chien peine à comprendre ce que son homologue danois s'apprête à faire. À l'écart, Bjorn arme son pistolet. Le coup part, un râle aigu porté par le vent résonne à plusieurs centaines de mètres sur cette vaste étendue de glace. Lucky, un peu perdu, cherche le regard de Rif : il n'est plus, s'est éteint. Max, Nico et Boris ressentent tous les trois un grand besoin de se rapprocher de lui.

— Qui veut noyer son chien l'accuse d'avoir la rage ! déplore Max, encore sonné par la mise à mort d'un des chiens de la patrouille qui les accompagne.

Cela fait six ans que Max vit avec son malinois au regard mordoré. Il lui en a fallu deux pour bien le connaître. Il a gagné sa confiance, lui a appris à gérer le stress environnant, à se coucher dans un hélico ouvert à tous les vents, à sauter en parachute, à marquer des tares et à l'accompagner sous les balles sans dévier. Il sait désormais repérer le moindre danger, canaliser son agressivité. Dissocier, discriminer. Lucky impressionne, rassure et protège tous ses camarades. Il est breveté lui aussi, depuis qu'il a sauvé des vies. Logique que ses frères d'armes aient eu besoin de faire bloc autour de lui... Bjorn n'a pas hésité : Rif, son compagnon de mission, était en sursis. L'âge et 20 000 kilomètres dans les pattes en sont la cause. Il ne remplissait plus son rôle de meneur. Il lui a juste évité de finir dans d'atroces souffrances. « Les chiens ne savent pas tricher et les plus jeunes ne le respectaient plus. Ils commençaient à se liguer ouvertement contre lui, ça allait très mal finir », a expliqué la sentinelle danoise, avant d'appuyer sur la gâchette. Dure loi de la meute. Pour la deuxième partie de leur vie, Max et ses collègues réservent à leurs vieux complices une autre retraite, bien douillette au coin du feu...

Depuis un mois, les commandos de Lorient ont rejoint la patrouille Sirius, troupe d'élite de la Marine danoise. Jour après jour, ils partagent le quotidien âpre et sans concession du binôme Bjorg et Jørgen, chargés de surveiller le nord du Groenland en traîneau à chiens. « Ici on ne sort de son habitacle que pour des bonnes raisons : se déplacer, éviter le danger, durer », explique le jeune sergent, les yeux tout de même un peu embués. Max écoute, il a appris à ne pas juger. Il pense déjà à l'épreuve qui les attend avant de retrouver le reste de l'équipe. Le froid, ça casse, ça entame le moral... Usant. Sauf celui de Lucky qui, après deux jours d'observation de ses congénères et d'acclimatation à leur survie canine, s'est parfaitement intégré à la meute. Jørgen observe le chien, surpris par sa capacité d'adaptation qui en dit long sur les techniques de dressage de ses collègues français et le sérieux de sa formation.

— Ton chien a l'air de considérer cette mission comme une vague promenade de santé ! relève le Danois.

— C'est juste que nos animaux fonctionnent à la motivation, comme les vôtres. Nous, on en bave un peu, mais on en apprend tous les jours dans ce contexte particulier… Se battre contre les éléments, s'adapter à cet environnement glacial, privés une bonne partie du temps de la lumière du jour, c'est des challenges qu'on adore relever !

— Les montagnes afghanes, c'était pas de tout repos non plus…

— Oui, mais l'attaque d'un ours polaire, ça secoue ! Et puis cette immensité de glace, ce sol instable, c'est intéressant pour nous d'éprouver tout ça. On a appris avec vous, crois-moi…

— Nous aussi…

Lucky joue avec les huskys. Il a appris aussi à tenir tête aux ours polaires et à sélectionner l'abri naturel le plus sûr pour tout l'équipage. L'organisation grégaire de la meute n'est certes pas la même que celle des Commandos, mais il y a du bon à prendre aussi. Là-bas, le seul mode de locomotion fiable, c'est celui-là. Les conditions extrêmes excluent de se reposer sur la technologie, parfois capricieuse. Et rien que pour cela, les hommes de Robin ont apprécié ce séjour dans l'univers blanc. Nico s'est enfin décidé à tester les armes préhistoriques du type *Enfield* qu'utilisent encore ces sentinelles. Plus efficaces face à un mastodonte de 450 kg qui arrive de face et plus résistantes aux températures extrêmes ! Dans quelques heures, ils auront rejoint la base de Thulé, où les attendent Robin et le reste du groupe.

*
* *

Ce matin, Morten est à cran. Il a mal dormi. Encore moins que d'habitude. Il a beau avoir sa propre cabine, il a entendu son ami Peter ronfler comme un sonneur. Il a oublié ce petit détail qui pourtant lui tapait sur le système lorsqu'il partageait sa chambre en Afghanistan, alors que son lit « picot » était collé à celui de son ami, faute de place. Car rien n'y faisait, même pas les boules Quiès, son ronflement était plus gênant que les tirs de mortiers qui s'abattaient toutes les nuits dans la province du Helmland. Sur le *Polaris*, les espaces sont tout aussi restreints que sur une base militaire. Son ami Niels, le troisième larron de l'expédition, a eu le nez creux – il a choisi une cabine à bâbord, loin de son copain. D'ordinaire, Morten a du mal avec la frustration, mais il s'est promis d'évacuer tous les petits tracas pour se consacrer à un moment important pour lui : commémorer les dix ans de la disparition de son frère d'armes, son grand ami Jens. Pour le moment, ce qui le met en boule, c'est de ne pas avoir dormi. Niels n'acceptera pas d'échanger sa piaule, lui aussi va penser à son petit confort personnel, vieux réflexe de milouf. Il hésite à lui demander cette faveur, mais il se ravise. Son refus risquerait de l'énerver. « Chacun sa merde », va lui rétorquer son ami en feignant de plaisanter. Ça, ça marchait quand ils avaient vingt ans. Mais aujourd'hui, ça peut réactiver des vieilles frustrations et des vieilles rancœurs, comme dans les déjeuners de famille. Et puis ce n'est pas sa seule source de mécontentement. Il y a aussi ce couple et cet ado tête-à-claques qui occupent la meilleure chambre à l'avant du bateau, juste à côté du luxueux salon avec ses deux hublots sous-marins. Ils ont l'air bien différents de lui, ils n'ont pas l'air de partager les mêmes valeurs… Toute la nuit, Morten s'est dit que cette famille allait certainement lui poser problème. « Des Français, bordéliques et arrogants, comme ils le sont tous… » pense-t-il. Rien qu'à l'idée d'avoir à composer avec des gens qui n'ont pas la même vie, des planqués qui n'ont pas traversé les mêmes épreuves, ça le fatigue. Quand on se résigne, ça peut vite se déglinguer. Il en est conscient, c'est ça, le pire… Depuis qu'il est rentré d'Afghanistan, Morten ne compose plus avec les autres.

Ils ont parlé géopolitique dès le premier soir, ce n'était clairement pas une bonne idée. Il a vite compris que le père de famille, Tristan Hénin, était un antimilitariste assumé. Lui a vu en Morten un militaire « le doigt sur la couture du pantalon ». Au moment où les trois Danois ont embarqué avec leurs gros sacs de l'armée, ils se sont regardés, reniflés, puis ignorés. Et puis, pendant le pot de bienvenue, le Français s'est exclamé : « Je savais pas que l'avenir de la planète, les ours blancs et toute la préservation de notre espèce pouvaient intéresser des mecs qui passent leur temps à dégommer des victimes collatérales, comme on dit cyniquement dans les médias, à canarder des innocents, sous prétexte qu'on traque des méchants, juste pour se donner bonne conscience ! » Le soir, *bis repetita* au moment de porter un toast à ces quelques jours d'expédition arctique : « Si j'avais su que j'allais devoir trinquer avec des mecs qui ont du sang sur les mains ! » La femme de Tristan a tenté de désamorcer, mais le mal était fait. La famille a tracé dans le salon *Deep Blue*, tandis que Morten est allé ruminer dans sa cabine.

*

* *

Pendant ce temps, Ari, Kim et Ronan naviguent plus au nord et travaillent à la reprise d'un chalutier brise-glace, de vive force au milieu des icebergs... Les hommes sont éprouvés par le vent glacial qui les assaille en permanence. Robin commente à son homologue de la Marine royale l'exercice qui se déroule au large de l'île de Qeqertarsuac :

— Personne ne connaît mieux que Ronan nos ECUME. Ce sont des engins exceptionnels, avec deux moteurs de 300 chevaux. Ils prennent la vague à merveille, leur probabilité de se retourner est quasiment nulle... Je ne vous dis pas pour autant que ça n'est jamais arrivé, mais avec Geoffroy comme pilote...

— Ça file droit, en effet.

— Ronan cherche la perfection, traque la faille et améliore d'année en année ce bel outil d'intervention, il va plancher jour et nuit avec Geoffroy, son pilote, pour trouver des solutions... Là, vous voyez, il a fait rajouter un système d'air comprimé dans la perche qui permet d'accrocher plus rapidement la rambarde du bateau et donc de monter plus vite. Histoire de ne pas se cramer les bras avant d'attaquer l'ascension par l'échelle…

— Fallait y penser, s'exclame le commandant du patrouilleur. Et là, il accroche au niveau de la passerelle ?

— Exact ! Ça fonctionne bien, vous ne trouvez pas ?

— Ça fonctionne plus que bien, vous voulez dire… Il nous faut le même système pour nos forces spéciales !

*

*   *

L'ambiance qui s'installe sur son bateau inquiète Alban Besse, le commandant du *Polaris*. Tristan Hénin, qui ne se fait pas aux trois Danois, il est venu s'en plaindre plusieurs fois et commence à faire dans la provocation. La tension monte à chaque sujet de conversation. Le commandant se demande comment tout cela va évoluer. Erreur de casting. À l'avenir, il songera à en connaître davantage sur ceux qu'il accepte d'embarquer. Ses voyages ne devraient attirer que des passionnés de nature et de grands espaces, tout juste chasseurs d'aurores boréales, mais il constate qu'il y a de plus en plus de détraqués parmi ces apprentis aventuriers. Pendant la nuit, le couple s'est disputé, la femme a voulu calmer un conflit latent entre eux, cette tension nerveuse qu'il fait régner. Morten les a entendus entre deux ronflements et ça n'a rien arrangé. Prendre sur soi, il sait faire.

« À condition qu'on ne vienne pas me faire chier », se répète-t-il en boucle jusqu'au matin. Et ça, c'est pas bon signe.

Dix ans qu'ils ne s'étaient pas revus. Le but de ce voyage était clairement de rendre hommage à Jens, disparu. Pour Morten, Peter, Niels et son ami infortuné, ils ont vécu les moments les plus forts de leur vie. Les années passent et ce passé lui manque et lui pèse. Jens est tombé sous les balles lors d'une grosse embuscade. À la vie à la mort, clamaient-ils tous au cœur des montagnes. C'était une formule un peu absurde pour se donner du courage avant de partir au carton. C'est comme ça qu'ils le vivaient. Jens était surnommé Errol Flynn, à cause de sa moustache. Aujourd'hui, certains cachent des cicatrices sous une barbe, d'autres acceptent difficilement les cheveux blancs qui trahissent le temps qui passe. Morten, quant à lui, affiche le ventre d'un solide buveur de bière. Ils étaient très jeunes lorsqu'ils ont quitté le Royaume du Danemark pour rejoindre cette province limitrophe du Pakistan, véritable rampe de lancement des combattants talibans. Des vallées truffées de mines et propices aux embuscades. Ils n'avaient pas idée de ce qui les attendait dans ces paysages à couper le souffle, et pas plus à leur retour. Morten se sert un double café avant même de saluer qui que ce soit. Peter cherche un indice dans le regard de son ami. Il a du mal à cerner dans quel état d'esprit il compte poursuivre cette croisière un peu particulière. Il voit de la fébrilité, il perçoit aussi de la mélancolie. Hier soir, après l'esclandre, chacun a regagné sa cabine sans dire un mot. Peter a hésité à revenir dessus. Il a cru bon de laisser la poussière retomber. Mais il constate que la colère reste intacte. Au fond, elle ne l'a jamais quitté depuis qu'il s'est chargé de ramasser Jens en pièces détachées. « Quelque chose de lui est resté là-bas, ça ne fait aucun doute », se dit Peter. L'empathie ? Il n'en a jamais eu. Il n'a jamais accordé sa confiance en l'autre et en la vie. L'enquête qui a suivi le décès du jeune soldat a été un choc pour tous. On a remis en question leur légitime défense. On a laissé entendre qu'il s'agissait ni plus ni moins d'un acte de vengeance. Morten n'a pas supporté les doutes qui ont continué de planer sur son équipe. Impossible de faire le deuil de son ami dans ces conditions. Quand Peter a reçu cette invitation, il savait que rien n'avait été réglé, mais il ne s'attendait pas à le retrouver dans cet état. Il s'en veut d'être venu. Il ne voit pas à quoi rime l'hommage à leur cher disparu. C'est tout au plus une manière de rouvrir une plaie que lui s'est efforcé de refermer. Ça n'est pas un hasard s'ils ne se sont pas revus depuis tant d'années. Niels, au contraire, sait pourquoi il a tout de suite accepté. Les souvenirs même mauvais remplissent le vide de son existence et lui donnent un sens qu'elle a depuis longtemps perdu. Cet ami fauché à la fleur de l'âge aurait pu aussi bien être lui. Quand Morten a repris contact, il s'est dit que ce serait un moyen de le remercier de lui avoir sauvé la vie. Et puis, il veut chasser définitivement des images encore obsédantes, certains matins difficiles. Des flashes, des odeurs, des cris. Il voudrait associer le souvenir de Jens à de beaux paysages, le raccompagner symboliquement au pays. Le célébrer beau et, à travers eux, encore vivant. Car sans sa mort, qui donc serait en train de prendre ce petit déjeuner dans le salon *Deep Blue*, une prouesse architecturale et technique : « On se croirait dans le ventre d'une baleine, un espace multisensoriel unique au monde ! » leur a fièrement vendu le commandant Besse en faisant le tour du propriétaire.

— On va passer près des terres de Jens, annonce Morten à ses amis. J'ai négocié avec le commandant qu'on puisse s'y recueillir et lui exprimer notre gratitude ! C'est quand même pour lui qu'on continue à vivre, bordel de merde !

Peter et Niels se regardent, un peu interloqués. Ils sentent une rage mal contenue dans ces mots. Comme s'il s'en voulait d'être un rescapé.

— Il nous parlait tellement souvent de sa région... Qui sait chez les nouvelles générations qu'on continue de se battre pour garder le Groenland ! Vous vous souvenez comment Jens parlait de cette étendue de glace qu'il fallait défendre ? Il était écartelé, entre le rêve d'indépendance de ses ancêtres et la fierté d'être Danois... se souvient Peter, ému.

— Ça fait un bail qu'on ne s'était pas retrouvés comme ça, lance Niels pour égayer un peu l'échange.

— Comme quoi ?

— Comme des cons, pardi !

Morten esquisse un sourire qui s'apparente davantage à une grimace. « Il avait déjà du mal à se lâcher y'a dix ans, pense Niels. Même les drames ne vous changent pas. » Morten a toujours été rocailleux et écorché vif. Il a la mine de quelqu'un qui ne dort pas depuis longtemps et qui rumine des mauvaises pensées. Il est resté au fond de cette maudite tranchée. Coincé de longues heures sans oser bouger. Le jour de leur retour de mission, il n'a pas supporté d'avoir à restituer le corps de Jens à sa famille. C'était comme si on lui arrachait une part de lui-même. À l'arrivée, sur le tarmac, ils n'avaient pas perçu un seul signe de reconnaissance, ni de la part de ses sœurs, ni de ses parents... Aucun mot, aucun regard. Chacun pris dans sa souffrance. Il en avait retiré un mélange de culpabilité et de frustration. La dépouille de leur ami, ou ce qu'il en restait, ne lui appartenait plus. Et c'était une sorte d'arrachement, de dépossession. Comme ses amis, il avait passé des heures auprès du corps sans vie. Il avait fallu l'extirper de la zone ennemie. Impossible de l'abandonner. Ensemble, ils avaient porté ce qu'il en restait sur un hamac de fortune, à quatre heures de marche de la base. Morten se souvient que les Américains présents avaient donné un coup de main pour que la cérémonie d'adieu ait de la gueule. Ils avaient chanté et prié autour d'un feu, et ça, il n'était pas près de l'oublier. Mais devant l'absence d'échanges avec les parents et la sœur, au milieu du hall d'attente d'un aéroport, l'histoire avait été tout autre. Il s'était dit que la place du survivant n'était pas forcément la plus facile. Et dans le même temps, qu'il y avait quelque chose de profondément choquant de penser cela. Eux étaient vivants.

L'après avait été géré différemment par ses amis. Peter avait cessé de se regarder dans un miroir, pour ne pas se voir en cadavre. Niels, lui, confiait toutes les semaines à un psy ses troubles obsessionnels compulsifs. Puis il avait été tenté de repartir, mais sa compagne avait accouché entre temps de jumeaux... Morten s'impliquait dans toutes les amicales d'anciens combattants, faute de pouvoir confier à des oreilles compatissantes ce qui lui était resté sur le cœur. Alors « profil bas » était devenu son leitmotiv. Et quand on lui demandait comment il avait géré l'après, il avait coutume de dire : « On ne parle pas de ces choses-là. » Au quotidien, il affichait une belle reconversion dans les énergies renouvelables. Et une parfaite absence d'empathie pour ses congénères. Il s'était aussi décidé à porter lui aussi la moustache qu'il faisait tailler chez un barbier deux fois par semaine, faute de pouvoir saisir un couteau sans trembler. Et une arme aussi.

— Tout se passe bien, messieurs ? vient s'enquérir le commandant du *Polaris*. J'ai une bonne nouvelle à vous annoncer. Nous avons une super météo et si nos compagnons de voyage n'y voient pas d'inconvénient, nous pourrons pousser demain jusqu'à cette petite île que vous vouliez visiter... et saluer la mémoire de votre ami !

— On va sur l'île de Hans ! s'exclame Peter.

— Ça faisait partie de vos demandes, n'est-ce pas Morten ?

— Oui, en plein bourbier afghan, notre ami Jens nous parlait souvent de ce caillou... Il m'a dit un jour : « Si je meurs dans ce foutu pays, promets-moi de ramener quelque chose de moi sur l'île de Hans... » On lui doit tout, c'est le moins que l'on puisse faire...

— Et nous ? On lui doit quoi à votre ami ? Comme vous dites, c'est un vulgaire caillou et un piège à cons, à touristes. On n'a rien à y foutre et on n'a pas payé 10 000 euros par tête de pipe pour aller zoner sur une parcelle de permafrost que seuls ces idiots de Danois et les Canadiens sont assez cons pour se disputer à coups de guerre de drapeaux !

Tristan n'a pas pu retenir son hostilité. Sa femme et son fils restent muets, comme si c'était trop tard pour rattraper la bourde. Le commandant, embarrassé, tente de dissiper le malaise en reprenant la formule qui figure dans la plaquette de présentation de ses prestations… « L'esprit du *Polaris* a toujours été de permettre à ses occupants d'ajouter un petit supplément de rêve personnel. N'hésitez pas à proposer une escapade qui vous tient à cœur, et si elle s'inscrit sur notre route et qu'elle est sécurisée, nous l'étudierons de la même manière et avec le plus grand soin… C'est l'avantage des petites structures et des petits groupes. »

— Personnellement, je ne suis pas du genre à pleurnicher pour bénéficier d'un régime spécial !

Alexandra, la femme de Tristan, pose sa main sur celle de son mari en signe d'apaisement. Mais la tension monte d'un cran.

— Vous avez raison, le rab est un terme de bonhomme, il ne s'applique pas à un « planqué » ou une « tafiole », choisissez le terme qui vous correspond le mieux ! C'est comme ça qu'on dit en français, « tafiole », n'est-ce pas ?

Peter et Niels attirent Morten vers l'extérieur. Ils savent qu'il peut vite monter dans les tours.

Ça, ils ne l'ont pas oublié... Par précaution, le commandant Besse actionne ses premières alertes : « November – Charlie » flotte dans la mâture. Trop tard, les deux scientifiques et son second sont déjà en route pour préparer l'excursion prévue l'après-midi.

*

* *

Robin déroule une carte et désigne une zone qui s'étend du détroit de Nars à la mer de Lincoln. Boris et Ari se regardent, un peu circonspects. Ari dégaine le premier.

— De la glace, de la glace et encore de la glace ! On avait pas prévu un retour au bercail après la patrouille *Sirius* ?

— On se prépare à quoi exactement, Capitaine ? Un nouveau drill avec nos amis danois ?

— Non, pas vraiment... Vous vous souvenez, il y a deux ans, nos collègues étaient venus faire un entraînement au SAR[1]... et avaient dû effectuer un vrai sauvetage !

— Et ?

— On vient de recevoir un message de détresse d'un navire battant pavillon français... Le *Polaris* ne répond plus. Un vétéran danois est en train de péter les plombs à bord. Ils craignent une mutinerie ou une prise d'otages !

*

* *

1. Search & Rescue, opération de recherche et de sauvetage en mer

Morten est resté agrippé à la rambarde pour éviter de fondre sur celui qui est devenu à ses yeux une cible à abattre. Niels cherche encore ses intentions profondes, espère qu'il se calme, mais ne voit rien de bon. La veille, il a trouvé deux armes dans ses affaires. Évidemment, ils ne se baladent plus avec leur musette, mais ils ont gardé les sacs de l'armée comme sacs de voyage, veille habitude de militaire, et il a confondu ses bagages. Il s'en est rendu compte au moment où il est tombé sur une arme de poing, une kalach démontée et une grosse boîte de munitions. Au beau milieu de tout ça, les insignes de Jens et une photo *in memoriam*. Il a refermé le sac et fait discrètement l'échange. Morten n'est pas guéri. Depuis la veille, ça le travaille. Mais trop tard pour dire quoi que ce soit, ils sont partis depuis plusieurs heures maintenant. Pourquoi son ami se promène-t-il avec cet arsenal ? Le père a disparu du carré, suivi de sa famille ; ils sont allés se calmer dans le salon *Deep Blue*. Sans un mot, Morten finit par lâcher la rambarde et se dirige dans leur direction… La tension monte d'un cran à trois milles de l'île de Hans…

*

* *

— Votre petit séjour avec la patrouille *Sirius* tombe à point nommé. Les Affaires étrangères et le ministre des Armées ont sollicité une coopération avec le Danemark, on est retaské[1]. Ils vont ouvrir une zone maritime et aérienne pour

1. Changement de mission interrompant une activité ou une mission moins prioritaire

nous. Ils ont confirmé dans la foulée la mise à disposition d'un hélicoptère *Lynx*. Le patrouilleur *Tulugaq* va nous servir de base logistique et nous avancer au maximum, précise Robin.

— Dans le détroit de Nare ? demande Ari.

— Par là, oui... Un peu plus au nord...

— Ça va vous piquer le bout des orteils ! plaisante Boris à l'adresse de Kim et Ari, les deux nageurs de combat.

— Et puis en cette saison, ça bastonne sec ! Le vent et les courants ne font pas dans la dentelle... ajoute Ronan, qui se sent à l'aise sur tous les vecteurs de mise en place.

— Il va falloir s'y faire... À l'avenir, on va aussi intervenir dans ces contrées : routes commerciales, guerres énergétiques, attraits touristiques... Un nouveau front s'ouvre. On a de plus en plus de signaux d'alerte. Pas de raison que les pirates fassent l'impasse sur ces zones sensibles. Du moment qu'il y a de l'argent à se faire et des enjeux stratégiques, ils n'hésiteront pas, prévient Robin. Et puis, le terrorisme n'a pas de frontière, on le sait bien...

— On a affaire à quoi ? À qui ? s'interroge Ari. À part quelques phoques et des ours blancs qui n'ont plus grand-chose à se mettre sous la dent, je ne vois pas trop d'où peut venir la menace !

— Des touristes eux-mêmes ! Les ours crèvent la dalle sous le regard de tous ces bovins qui viennent mater les aurores boréales !

— Le quart d'heure Greenpeace de l'ami Boris !

— Tout à fait, et j'assume ! Y'a déjà un paquet de mecs qui viennent extraire le gaz et le pétrole, on a désormais des centaines de croisières qui s'organisent sur la banquise... Je te les mettrais à poil à sucer des glaçons au milieu de quelques gros beaux bébés tout blancs !

— Sans parler d'une petite guerre froide, qui ne porte pas son nom, le long de la dorsale de Lomonossov…

Outre les requins, Boris, l'Ours des Carpates, comme le surnomment ses camarades, milite depuis des années dans toutes les régions du monde pour la préservation de ces grands mammifères… Il consacre son temps libre à repérer les populations en péril. À force de les aimer, il a adopté certaines de leurs attitudes. Puissant et hirsute au réveil !

— Boris a tout à fait raison, on est sur une affaire assez particulière, reprend Robin. Depuis quelques années, on assiste à une surenchère de circuits touristiques vendant tous les exploits des grands explorateurs, de Cook à Shackleton en passant par Amundsen… Luxe et frissons soi-disant maîtrisés sont garantis, mais jusqu'à quand… Ils ont prévu le brise-glace pour une épaisseur de deux mètres cinquante, mais le pétage de plomb des passagers et la prise d'otages dans le cercle polaire, j'avoue qu'il fallait oser.

— Qui a eu l'idée de taper de ce côté-ci de la planète ? s'interroge Ronan.

— Ç'aurait tout aussi bien pu être un excité du type Anders Behring Breivik et son carnage d'étudiants sur l'île d'Utoya, son cas fera école tôt ou tard, c'est sûr…

— Ou bien un « terro » tchétchène qui s'en prend à des sites de gaz ou de pétrole…

— Un post-trauma ? tente Ronan.

— Ça ressemble à ça, en effet, confirme Robin.

— Oui, 2009, c'est l'Afghanistan pour les Danois, et les mecs qui sont partis n'étaient pas très aguerris, rebondit Ronan.

— Ils ont bien pris dans la gueule à l'époque, poursuit le lieutenant de vaisseau.

— Il paraît que chez nous on est moins atteints que les Américains ! plaisante Elliot.

— Comme tu dis... Mais bon, personne n'est à l'abri. Va savoir pourquoi y'en a certains qui résistent moins. Et puis on n'est pas là pour faire la leçon, recadre Robin.

Ronan, Robin, Elliot, Max, Nico... savent de quoi ils parlent. Ils ont participé à des missions contre les combattants de Ben Laden qui les ont bien secoués. « *Enduring freedom* », c'était la réponse qu'avaient donnée les Américains après l'effondrement des Twin Tower, d'une partie du Pentagone et du crash d'un avion de ligne, le 11 septembre en 2001. La France, elle aussi, avait participé et monté des opérations pour débarrasser le bourbier afghan d'Al Qaida. Le pays des neiges et des guerres éternelles. *Héraclès, Dragon noir, Arès, Jehol*, et d'autres traques moins officielles, auront mobilisé des centaines d'hommes, dans les vallées perdues des provinces de Kandahar, de Nangharhar ou de Kapissa. Les Commandos Jaubert et Trépel ont payé le prix fort... Loïc, Frédéric, Benjamin, Jonathan ne sont jamais revenus de ces chasses aux chefs et aux cellules combattantes. « *Spin Boldak*, tu te souviens ? » lance Ronan, en connaissant très bien la réponse du lieutenant de vaisseau. Bien sûr que Robin s'en souvient, comme si c'était hier. Mais chaque bruit, image, odeur qui affleurent, il s'efforce de les chasser.

Et pourtant…

Le camp de base, construit sur du sable, baigné de soleil et saturé de testostérone… Le retour au bercail après les missions de reconnaissance, la gorge sèche et amère, après les accrochages. L'âpreté des combats. Les dents serrées et le cœur verrouillé, quand il en manque un à l'appel du matin. La haine, la défiance. Les jours avec et les jours sans. Les décalages, l'incompréhension. La distance. Le besoin d'en parler ou pas. La solitude au milieu des copains. Et pourtant… Et pourtant… Le besoin irrépressible de déconner, de se taper des barres sur une musique techno qui tourne sur le réseau. Les fourmis dans les jambes quand elles sont coincées dans un blindé. Le tir de mortier qui n'est pas passé loin. Le besoin de taper dans un bide, dans un sac, dans un mur. De faire péter les chronos. Le besoin de crier « bordel de merde » à tout bout de champ. D'échanger des mots doux avec sa chérie avant de reposer sa caboche fêlée sur le coin de l'oreiller. Les mains qui tremblent parfois, mais pas très longtemps. Le WOD[1] pyramidal ou chronométré qu'on refait en boucle pour ne pas penser. Passées par les CTLO, les commandos d'assaut n'hésitent pas à secouer les jeunes carcasses lorsqu'elles ont des velléités de s'engager. Les essorer pour en faire sortir le meilleur jus. Désormais, Tom s'apprête à vivre tout ce mélange de danger, d'adrénaline et de testostérone, il a compris que ce n'était pas contre lui. Robin et Ronan, les plus anciens de la bande, veillent à ce que Tom sache à chaque mission où il va mettre les pieds. Une fois qu'il

1. *Work out of the Day*, entraînement du jour

aura fait sa mue, ils le laisseront voler où bon lui semble. Ronan a rejoint Ponchardier, le petit dernier des commandos, il a pris à cœur sa mission de « vieux de la vieille », avec comme mot d'ordre la transmission. Il rêve encore de rejoindre ces grandes plaines ocre et arides où il a failli mourir, de cette route entre Kandahar et Quetta où le goût de la poudre et du sang saisissait le fond de la gorge sur chaque sortie de route. Il y retournera peut-être un jour ? Avec Tom comme chef de mission ! Pourquoi pas. Elliot, l'infirmier, a connu lui aussi les embuscades et la perte d'un ami. Il s'appelait Frédéric, le « sauveur de vies ». Il a perdu la sienne au détour d'un chemin montagneux et très escarpé. Il ignore encore si des gestes lui ont manqué. Il ne le saura jamais. Là-bas, la fameuse *golden hour* est difficile à respecter. Une heure précieuse au-delà de laquelle la chirurgie vitale ne peut plus faire de miracle. Quelques mois plus tard, Elliot repartait en mission en sachant poser les perfusions en intra-osseuse, contrôler les hémorragies en humérale comme en fémorale, et « exsuffler » en cas de besoin… Grâce à la double casquette d'infirmier breveté commando et opérateur forces spéciales au sein de Trépel, il a pu continuer, sans la peur rétrospective d'avoir failli à sa mission.

— On n'a pas fini de se les cailler au beau milieu des ours blancs et des colonies de morses… Je sens pas trop le délire, lance Ronan.

— Toujours bon de sortir de sa zone de confort, se réjouit Ari, parole de Toulonnais !

— « Seule la glace et le temps sont maîtres », disent les Inuits ! Ça devrait nous inspirer, se réjouit Boris.
— Notre dernier exercice en eau froide remonte à quand ? demande Kim.
— J'ai déjà oublié…
— T'as vraiment une mémoire de poisson rouge, vanne le pilote.

Robin a l'habitude de cette série de petites piques avant l'annonce de la mission. Une manière de dédramatiser et de tester la cohésion. Puis vient le temps du brainstorming. Où ? Qui ? Quand ? Comment ? La curiosité est contagieuse et même les plus aguerris se prennent au jeu des suppositions. On balance pêle-mêle toutes les idées, on cherche le scénario inédit, l'improbable n'existe pas. Mais en réalité, c'est surtout un moment crucial, presque alchimique, pendant lequel chacun se projette. S'interroge sur ses capacités du moment. Et puis c'est une fierté d'être désigné par le chef, d'être une fois encore dans le secret des dieux. Tant que Robin perçoit cette flamme dans les yeux de ses gars, il sait que sa meute est solide, prête à opérer. Max pense au musher qui élimine le maillon faible. Un doute l'étreint. Lucky, lui, ne se pose pas les mêmes questions. Le départ approche, ces drôles de molosses y voient plus clair, ils ne ressentent aucune fatigue, aucun stress parasite. Juste l'envie d'en découdre et de se dépasser. La neige, la vitesse, l'ivresse, tout leur fait envie. Ils n'ont plus que la ligne d'arrivée en tête. Nico, Elliot, Ronan, Tom, Max étudient les stratégies de libération… pendant que Kim et Ari planifient leur plongée, séquence par séquence.

Les fréquences cardiaques s'accélèrent, palpables sous la paume d'une main. Robin savoure cette douce effervescence avant la tempête. Il est temps de donner les dernières consignes.

— O.K. La zone est assez inhabituelle pour nous, lâche Robin. Tout autant que nos cibles. On est dans la prise d'otages, apparemment sans rançon, mais ce qui est difficile à définir, c'est le mobile. Il y a des armes apportées sur le bateau, ça, c'est sûr. Après, la cause de la crise... Sans doute psychiatrique. C'est aussi dur que du « terro », intégrez-le. La négo est souvent impossible. Le GIGN et le RAID connaissent ça par cœur... Mais la vie réserve souvent des surprises ! Et notre avantage dans cette histoire, c'est que le profil « vétéran », on connaît !

— Zone de guerre, zone civile, la frontière est de plus en plus ténue, précise Boris.

— Oui, et parfois on ne choisit pas son terrain. Ici, on ne sait pas encore qui fait quoi. Ce sont des survivants du front d'Helmand en Afghanistan... Certains d'entre nous ont déjà fait des séjours dans cette zone. Il semble qu'on ait affaire à un syndrome post-trauma bien enkysté depuis dix ans dans la caboche du chef présumé. Pour ceux qui se posaient encore des questions sur le petit séjour à Chypre en guise de sas, on a une fois de plus la preuve de son utilité. Pour le reste, *no comment*. On est qui pour juger les autres ? Notre paquet de merde, on se le traîne tous les jours, sur le dos ou en bandoulière... Comme dit Henry : « On en bouffe, mais on l'oublie. » Le pavillon est français. Les otages sont français. C'est à nous de libérer tout ce petit monde. Il y a treize occupants à ce jour, stoppe net le chef.

Elliot, comme tous les autres, n'en a pas perdu une miette. Le briefing initial est crucial, l'officier le sait. Valoriser, faire naître les incertitudes pour anticiper et consolider le groupe. Piquer et chauffer à blanc. Ludovic Robin fait l'unanimité : il sait s'adresser aussi bien à un individu qu'au collectif.

— Pourquoi le pluriel et le conditionnel, Capitaine ?

— On ne connaît pas le degré d'implication de chacun des trois vétérans… La complicité des deux autres n'est pas forcément avérée.

— Si ce sont des anciens de la base d'Armadillo, ils avaient bien ramassé à l'époque… relève Elliot.

— Il semble que oui, précise Robin.

— Apparemment la tension est très vite montée sur le bateau. Les motivations n'étaient pas les mêmes. Le commandant a signalé assez vite à sa base arrière qu'il y avait des petits soucis d'« incompatibilité d'humeur », mais qu'il allait maîtriser l'affaire.

— Visiblement, il n'y est pas parvenu…

— Les mecs ont l'habitude de gérer des situations un peu compliquées. C'est souvent des anciens de la Marine sur ce type de rafiot. Sur le *Polaris*, la moitié du personnel est français. Dans l'équipage, tu as le commandant Besse, le second qui est également mécano, le médecin du bord, le chef cuistot, une hôtesse et deux guides « grands espaces » suédois, comme ils les appellent. L'un des deux est spécialiste de la navigation au radar et à la sonde.

— C'est pas trop mal bordé comme équipage, note Elliot.

— Oui, mais les mecs qui organisent les excursions ont beau être pros, y'a des paramètres difficiles à anticiper, rétorque le chef.

— Tant mieux si les mecs sont pas des lapins de six semaines qui paniquent au moindre couac… Ça peut nous aider pendant l'assaut, ironise Ari.

— Oui, on va en avoir besoin. Car ça va pas être simple…

Le ton est sérieux, plus de plaisanterie. Chacun est dans sa préparation. Robin rentre dans le vif du sujet. Tous fixent la carte qu'il déplie devant eux.

— On va les laisser mouiller au large de l'île de Hans…

Ari et Kim n'en perdent pas une miette. Ils se doutent qu'ils vont être en première ligne. La base avancée, comme ils la désignent. Ils ont participé plusieurs fois à des libérations d'otages en mer, en Somalie, en Malaisie et dans le golfe de Guinée. Ils vont intervenir dans un contexte tout autre, et ce contraste fait le sel de cette nouvelle aventure. Même s'ils ne sont pas là pour observer les premiers organismes fluorescents de l'Arctique ou les baleines boréales, le passage du Nord-Ouest, ils ne cachent pas une certaine impatience de plonger dans ce contexte… La température de l'eau n'est qu'un paramètre parmi d'autres, ils ont le matériel qui convient, mais les pièges de la glace sont multiples. Ari croise le regard de Nico. Ils ont tous les deux en tête un assaut qui a mal tourné, quelques années auparavant... Le skipper avait pris une balle perdue en pleine tête. Longtemps le tireur avait espéré repartir sur le même type de mission, pour chasser le goût amer de ce jour maudit. Chacun répare ses souvenirs comme il peut.

— On sait s'il y a déjà eu des coups de feu ? demande Ari.

— Il semblerait que oui. On ne sait pas s'il y a des blessés... On a un mec qui est en train de péter les plombs, ça, c'est sûr. Deux copains sont présents, leur rôle reste à définir... Impossible de savoir dans quel camp ils sont pour le moment et surtout s'ils vont y rester...

— Conflit de loyauté ?

— On ne l'exclut pas... Deux membres de l'équipage sont en sortie. Ils sont sur le retour. Est-ce que les autorités danoises vont avoir le temps de les intercepter ? On attend des précisions sur tous ces points et sur d'autres, que j'aurai l'occasion de vous dérouler au fur et à mesure...

— Et on rejoint le *Polaris* comment ?

— Arrivée à la base danoise, on repart en hélico...

— Donc on apponte en pleine mer...

— Exact. Sur le patrouilleur *Tulugaq*. Avec un pilote du cru ! T'inquiète, les mecs font ça tous les jours, mer formée ou non. T'as vu le secteur, c'est des pros, on peut y aller les yeux fermés !

— Si c'est toi qui le dis... conclut Nico, pas totalement rassuré.

*

* *

15 h 30. Les deux guides et le second mécano s'apprêtent à quitter l'île de Hans. Ils n'ont pas reçu le message de l'armée danoise leur demandant de ne pas bouger. Une frégate est en route pour les stopper. Sur le *Polaris*, en revanche, ça se gâte. Niels, totalement désorienté, cherche à comprendre. La coursive est déserte, un calme pesant règne sur tout le bateau. Personne ne sait ce qui s'est passé dans le salon *Deep Blue*. Rien de bon au vu des coups de feu et des cris. En passerelle, on reçoit au compte-gouttes des infos. Elles ne sont pas bonnes. La crise n'en est qu'à ses débuts… Plus de Danois à l'horizon. Peter aussi a disparu. Impossible de savoir s'il est avec Morten. Niels s'est réfugié sur le roof. Le commandant Besse a ordonné que personne d'autre ne circule dans le bateau.

*

* *

— On en est où ? s'enquiert Nico.

— D'après les derniers messages envoyés par le commandant du *Polaris*, les deux scientifiques partis en reconnaissance avec le commandant en second sur l'île de Hans tôt ce matin en zodiac ne répondent pas. On tente de les intercepter avant qu'ils ne regagnent le bateau. Quoi qu'il en soit, le *Polaris* prend cette direction et devrait rejoindre l'île dans moins d'une heure. Le commandant Besse a tenté de calmer Morten, mais rien n'y fait. Il ne répond pas, des propos délirants s'échappent du salon. On ne sait pas ce qu'il est en train de revivre… Deux coups de feu ont été tirés dans le

Deep Blue. Impossible de savoir s'il y a des blessés, précise Robin.

— Comment le mec a pu embarquer enfouraillé comme ça ?

— Si les passagers ne sont pas fouillés à leur arrivée, c'est open bar…

Avec son drapeau jaune, le petit bonhomme semble flotter entre ciel et mer. Tout le monde retient son souffle. Nico regarde Ari qui regarde Kim qui regarde Tom… Après tout, si l'hélicoptère ne parvient pas à se poser, ils gagneront le pont en corde lisse. Bâbord caresse la mer, puis c'est au tour du tribord. Une vague de fond soulève un côté puis l'autre, mais le bonhomme tient bon. D'en haut, il semble tout petit. Il agite les bras, lève le droit, puis le gauche et disparaît dans les embruns. L'engin se pose au centre du cercle vert fluo, sans que Robin et ses hommes s'en soient rendu compte.

— Nous allons devoir écourter les présentations et la visite du bâtiment. Le commandant du *Polaris* vient de nous annoncer qu'ils tentent de récupérer le corps sans vie d'un homme, jeté en travers de la coursive… annonce avec gravité le commandant du patrouilleur.

— On sait de qui il s'agit ? s'inquiète Robin.

— Vraisemblablement Tristan, le père de famille, mais impossible de s'en approcher… Le médecin du bord n'a rien pu tenter.

*

*   *

Cela fait maintenant six heures que Morten s'est enfermé avec la famille française dans le *Deep blue*. Les autres membres de l'équipage sont avec le commandant qui leur a ordonné de ne pas bouger. Ni sur le pont, ni dans les cabines. Sauf les Danois, ingérables. Peter prétend vouloir tenter quelque chose. Il s'est improvisé négociateur, il n'est toujours pas remonté. Impossible de savoir où il se trouve et s'il est complice de cette prise d'otages. Niels reste prostré. Il s'en veut de n'avoir rien dit à propos des armes découvertes deux jours auparavant. Il repense à tout ce qu'il a vécu avec son ancien camarade. C'était il y a dix ans, une éternité. Comment Morten a pu en arriver là ? Nourrir cette rancœur envers le monde entier ? Il se souvient de tous ces moments partagés avec lui, la grande illusion, puis la grande désillusion, surtout après la mort de Jens. Des trois rescapés, il avait été le seul à ne jamais souhaiter y retourner. Comme si cette fameuse part de soi qu'on laisse sur les lieux de haute intensité, avait été rapatriée avec le corps de son ami. Niels, lui, avait eu du mal à décrocher. Hanté par des images, des sons, des odeurs. Morten lui avait parlé une ou deux fois de son profond dégoût pour tous ces pays de « l'hémisphère Sud », comme il disait. Il préférait se tourner vers l'Arctique, là où tout semble anesthésié, comme lui au fond. Pourquoi s'en prendre à cette famille ? se demande Niels. Et que cherchait son ami en organisant ce pèlerinage impromptu sur les terres présupposées de Jens ? Ils devaient prendre les zodiacs pour une balade au milieu des icebergs à la rencontre des ours polaires et des renards bleus. Au lieu de cela, son frère d'armes, survivant comme lui de l'enfer afghan, a perdu la raison.

Les dernières lueurs du jour viennent de disparaître, et un jeu d'ombres et de lumières anime les grandes façades translucides qui font face au *Polaris*. Niels ressent cette même morsure du froid que celle des montagnes de là-bas, quand il redoutait de perdre ses orteils. Depuis combien de temps ne s'est-il pas senti aussi vivant ? C'était dans une autre vie. Troublant. Ici, sur cette passerelle, il ressent à nouveau cette impatience au creux du ventre. Il se ressaisit et tente de ne pas y penser. Quelle bizarrerie. Voilà qu'il en veut maintenant à Morten de le mettre face à un choix. Mais lequel ? C'est mal, très mal, ce que son ami est en train de faire, non ? Il regarde autour de lui, il est libre et les autres l'attendent sur la passerelle... Tout ça pour ça ! La mort de Jens, la guerre qui hante ses nuits, l'impossibilité de se reconstruire depuis ce jour maudit ? Il ne peut s'empêcher de ressentir quelque chose d'intense, une attraction vers le salon *Deep blue*. Et Peter, lui, il en est où ?

À cette époque de l'année, les fragments de la banquise viennent se compacter les uns aux autres et la glace emprisonne les corps étrangers. À l'arrière du bateau, Niels observe les plaques blanches qui se brisent en mille morceaux, se reforment, et dont une partie coule quand l'autre s'évapore. Il soupire. Il a entendu les coups de feu et n'a aucun doute sur la cible que son ami a choisie. Ce n'est pas Peter qui a été visé, il en est sûr. Quel choc pourtant. Il se souvient de l'embuscade qu'il a subie avec ses amis, les corps dans les fossés, la course folle pour se mettre à l'abri, la mitrailleuse à la main, le cœur lourd. Le sentiment de tenir debout grâce aux autres. De retour de l'Enfer, Peter et Niels encaissaient. Jens et Morten avaient besoin d'être exaltés pour y retourner. En quelques mois, Morten était devenu le meilleur tireur de l'escouade. Un colosse aux pieds bien ancrés dans le réel, qui prenait rarement le temps de réfléchir, tirait dans le tas quand il fallait que ça drope. Jens, prudent, s'engageait dans les ruelles aux murs criblés de meurtrières, comme un animal aux aguets. Le *Polaris* réduit sa vitesse, il gagne du temps. Appliquant les premières consignes en cas de crise, le bâtiment avance juste ce qu'il faut pour ne pas être pris dans les glaces. « Car ça peut durer longtemps ce bordel », songe Niels. Et puis où aller dans ces conditions… et à quoi bon ?

*

*   *

Les commandos basés sur le *Tulugaq* doivent mettre à l'eau deux FUTURA. Ils vont zigzaguer entre les cailloux de glace pendant encore une dizaine de nautiques et rejoindre le *Polaris* qui vient de mouiller près de l'île. C'est Ronan qui prend les commandes du premier, qui pousse au moteur pendant encore quelques kilomètres, puis stoppe à distance suffisante pour que les nageurs aillent faire une reconnaissance. Dans le deuxième, Robin et ses hommes refont les plans, calculent les franchissements, les portes à passer, leur épaisseur, l'ordre des cabines, les planques possibles…

À l'époque de l'engagement de Robin, ce genre de bateau de croisière ne s'était pas encore démocratisé. Ces mini *Nautilus* pour riches touristes en mal de frissons, attachés à leur confort, ne le font pas rêver. Ce n'est pas l'idée qu'il se fait de l'aventure et de l'exploration. Une expédition à la Shackleton, en revanche, il ne dirait pas non. Un retour aux fondamentaux de la rusticité auxquels il croit toujours. La coopération avec la patrouille *Sirius* a permis cette petite piqûre de rappel au milieu de conflits que l'on qualifie trop souvent de technologiques. Tom est moins surpris qu'on dépense des sommes astronomiques pour aller admirer les aurores boréales et déranger des colonies de morses, comme on visite la galerie de l'évolution du jardin des Plantes. Question de génération ou plutôt d'ancienneté dans le métier. Bientôt le « jeune » commando se retrouvera dans l'attachement viscéral à la nature qui leur fait peu à peu rechercher la compagnie des requins de la pire espèce et les mers inhospitalières. « On n'est jamais mieux que dans notre merdier », plaisante souvent Boris. Tous ces hommes partagent finalement les mêmes peurs, les mêmes colères saines. Ari espère qu'avec Kim, ils vont pouvoir collecter le maximum d'infos. L'excitation monte. C'est pour ce dosage aussi qu'ils s'entraînent. Adrénaline et ocytocine, avec une préférence pour la première. L'approche discrète est délicate, une partie de la coque est un immense aquarium. Et puis, ils n'ont aucune idée des complicités. Qui sont Niels et Peter, les deux hommes qui accompagnent le forcené ? Des complices ? Ou simplement des esprits faibles ? Dans un conflit de loyauté, reste-t-on rationnel ? Robin sait que tous ses hommes vont se poser la même question. Qu'est-ce que je ferais si un de mes potes pétait les plombs ? La nuit, dans le froid, dans le stress… tout peut déraper.

— Tu as vu comme la glace se disloque ? remarque Tom.
— Oui, on sait bien qu'un iceberg stable, ça n'existe pas… précise Robin.
— Si t'envoies une bastos dans la fissure juste en dessous du coude, je parie que t'en détaches un bon morceau ! repère Nicolas.
— Ça se pourrait… Mais on va éviter de se prendre un mini tsunami, là maintenant tout de suite ! Surtout avec notre binôme de choc à la baille ! plaisante Robin en observant de loin les deux nageurs préparer leur plongée.

Robin commence à envisager une approche en deux temps. Le bateau est ultra moderne, avec des caméras un peu partout. Si Morten atteint la salle des écrans, il peut voir tout ce qui se passe sur le bateau. Et puis ils attendent des éléments sur le trio. Ils ne vont pas tarder à récupérer des fiches précises. Les autorités danoises sont en train de collecter leurs parcours, leurs attitudes en missions, leurs retours à la vie civile, leurs réinsertions professionnelles, leurs familles, leurs entourages. Tout est passé au peigne fin. Robin est conscient que ce qu'il demande aux deux nageurs de combat n'est pas évident, mais indispensable à la réussite de l'opération.

— Les gars ! il va falloir faire vite. Sur place, vous disposez d'une quinzaine de minutes. Si vous restez plus, vous risquez d'être repérés. Et puis on ne peut pas laisser pourrir la situation trop longtemps. On a déjà une victime au compteur. Et tout ce qu'on sait, c'est que Morten peut à nouveau tuer, prévient Ronan.

La meilleure option est sans doute de débarquer toute l'équipe d'intervention sur le versant caché d'un iceberg non loin de l'île où le *Polaris* s'apprête à mouiller, d'y établir un camp de base et de faire des allers-retours pour réaliser un assaut en tenaille. Le timing est calé sur l'hélicoptère qui doit évacuer d'éventuels blessés. Ari jette un dernier coup d'œil au plan détaillé. Pas simple. Morten retient ses otages dans le salon *Deep Blue* qui dispose de deux hublots sur les fonds marins, avec deux projecteurs non inclusifs, mais qui éclairent le moindre animal flottant en approche, et des hydrophones intégrés dans la quille qui captent tous les bruits émis en profondeur. Les plongeurs vont devoir se fondre dans le décor.

— Il a bien choisi son poste d'observation, l'animal… remarque Ari.

— T'aurais pris la même option, non ?

— Pas faux. Quels sont les angles morts ?

— Y'en a pas des masses, le navire est truffé de caméras… sur les ponts extérieurs, les balcons aussi. Et là, sur la Marina, y'en a au moins deux, lui détaille Kim.

— Et on a des gros doutes sur les complicités… qu'est-ce qui te dit que les mecs renseignent pas leur pote en lousdé…

*

*   *

Peter vient enfin de rallumer son portable. Il se tient de l'autre côté de la cloison du *Deep Blue*. Dix-huit appels en absence. Il le met en mode nuit. « Morten. Danger », écrit-il au commandant de bord. « Portable ON ! » lui ordonne Besse, soulagé de cette reprise de contact. Peter est désorienté. Il ne sait pas s'il doit retenter quelque chose ou laisser son ami sombrer. Il a assisté à toute la dégringolade sans pouvoir faire quoi que ce soit. Lorsqu'il a croisé Morten qui sortait de sa chambre, il a reconnu le sac dans lequel il avait caché ses armes. Il a reconnu cette rage qu'il avait déjà lue dans ses yeux à maintes reprises. Et puis il y a eu cette phrase : « Je savais bien qu'il ne fallait pas que je m'en débarrasse. » Il parlait de son arsenal bien sûr, et de cet état d'insécurité dans lequel il n'a jamais cessé d'être. Cerné, traqué, persécuté, depuis les villages perdus dans les coins les plus reculés jusqu'aux confins du Danemark. Peter a tenté de dissuader son ami, mais il ne l'écoutait plus, il était hors de lui. Il l'a mis en joue, lui intimant de rester à distance. Les parents et leur ado étaient en train de discuter de l'altercation, et la femme tentait de calmer son mari quand Morten est brusquement entré. Dans l'embrasure, Peter a vu la stupeur figer le visage du jeune garçon et s'est précipité dans le cagibi, espérant y trouver une porte communicante. Depuis, il n'a pas bougé. Morten est ressorti casser les caméras placées dans la coursive, puis a verrouillé tous les accès. Après les deux coups de feu, plus de son, plus d'image.

Peter répond, coopère pour le moment. Aucune raison de mettre en doute sa sincérité. Robin et ses hommes ne perdent pas une miette des SMS qu'il échange avec la passerelle ou avec qui que ce soit d'ailleurs. Ils réfléchissent à un embryon de négociation. Qu'est-ce qui s'est passé avec ce corps ? Est-ce qu'il respire au moins ? Peter n'y croit plus. C'est le père, pas de doute. Lui ne quittera pas la buanderie, c'est trop risqué. Il voudrait tenter de calmer son ami et le sauver, si c'est possible. Robin note : « ami », « sauver ». Sans être otage, il pense au conflit de loyauté, aussi à ce fichu syndrome de Stockholm.

— Je vais chercher le corps…
— Hors de question ! répond Besse.

Niels est toujours posté sur la passerelle, anesthésié par le froid et la nuit. Le médecin de bord est le mieux placé pour descendre chercher Tristan. Niels pourrait l'accompagner ? L'idée est aussi de clarifier les intentions du garçon…
— Vous êtes prêt à venir m'aider ? lui demande le médecin de bord droit dans les yeux.
— Oui, je crois que oui… Merci d'être venu me chercher !

Robin et son escouade ont laissé derrière eux l'immense glacier qui s'étire vers le nord. Quelques bœufs musqués en ordre dispersé tardent à se mettre à l'abri, tandis qu'une famille d'ours blancs affamés fouille la falaise à la recherche de nids d'oiseaux à leur merci. Pas le temps de s'extasier devant ces scènes de la vie sauvage au-delà du cercle arctique. Deux nautiques les séparent encore du bateau de luxe. Il est temps de tout éteindre. De grosses masses de glace sculptées par les vents masquent les derniers rayons de lune. Il aura fallu plus d'une heure aux marins pour s'équiper. Désormais tout est prêt. L'épaisseur de néoprène bleu encre protège d'une seconde peau les plongeurs encore en surface pour quelques secondes. Aucun risque qu'ils aient froid, du moins pendant une quinzaine de minutes. Il va falloir faire vite. « Qu'est-ce que j'aime ça ! » songe Kim, impatient d'explorer ces nouveaux fonds. Avec Ari, ils savourent ce moment rien qu'à eux. Les FUTURA sont en statique, plus aucun bruit. La nuit complice remet les compteurs à zéro. Elle peut aussi tout faire basculer. Mais de quel côté ?

Boris les regarde se glisser dans l'eau, mi-hommes mi-poissons. « Commandos d'exception », se dit-il. Il se demande aussi si les drones seront un jour en capacité de les remplacer. Il ne le souhaite pas, même si on met tout en œuvre pour réduire les risques et c'est toute l'ambiguïté de sa spécialité. Trouver le bon équilibre entre la main de l'homme et la machine. Que l'une n'empiète pas sur l'autre. Le binôme a disparu, sans un claquement de palme, sans aucune éclaboussure. Kim contemple la forêt de glace, une palette de bleus se décline, tirant au vert et au turquoise. Encore quelques secondes d'émerveillement et il fait le vide pour laisser la place aux gestes techniques. Plus de pensées parasites. Même si elles sont insistantes dans ces cas-là. D'autres missions remontent, des grosses frayeurs, des satisfactions, des regrets aussi. Les yeux rivés sur leurs compas et profondimètres, ils ne dépassent pas les sept mètres, c'est la base. En aucun cas ils ne doivent se laisser entraîner vers le fond. Les consignes circulent en vase clos, comme leur oxygène, sans même qu'ils s'en rendent compte.

— - 1,5 °C, on n'est pas loin du gel, songe Ari.

Le froid les saisit, l'espace de quelques secondes, le temps de se regarder bien dans les yeux et de se dire qu'il va falloir faire bien mais vite. R.A.S. Ils saisissent l'embout de leur Formule 1 de la mer, l'appareil qui leur permet de respirer sans qu'aucune bulle remonte à la surface. Ils deviennent indétectables, aussi invisibles que cette eau cristalline. Tom les suit sur son radar. Il nourrit secrètement le projet de rejoindre le Commando Hubert. La crème de la crème : les nageurs de combat. Mais en a-t-il l'étoffe ? Est-il suffisamment aquatique ? Ils ont des qualités que tous n'ont pas. Ça n'en fait pas des héros pour autant, surtout pas. Il y a dix ans, Ari s'était dit : « Je ne peux pas passer à côté de ça ! », il a fallu qu'il se le répète pendant les neuf mois de la formation. Tous les jours, à chaque chrono, à chaque immersion, à chaque défi sous l'eau. La méthode Coué a du bon, il est sorti second. « Car l'endurance ne suffit pas, tout est dans la tête », lui martelait son instructeur. Il repense à ces deux innocents qui attendent un miracle et à ce vétéran qui a perdu les pédales. Comment bascule-t-on de l'autre côté ? L'heure n'est ni à l'empathie, ni à la recherche d'explication. Il ne s'agit pas de comprendre, mais juste de sauver ce qu'il reste à sauver. Il sera toujours temps d'analyser. Ari jette un œil à cette ligne de vie ni trop lâche ni trop tendue, qui le relie à son ami. Kim nage au même rythme que lui, tranquillement. Ne pas s'essouffler, trouver le temps dans un espace réduit. La présence de l'un justifie l'engagement de l'autre. Constamment être deux. Ça lui va. Ari n'est pas un solitaire, il aime les grandes familles et les grandes fratries. Le compas indique qu'ils ne dévient pas de l'objectif. En approche à trois blocs de glace de cette coque ouverte sur les fonds marins, et qui pourrait les trahir. L'arme n'est pas loin, ils sont prêts à dégainer si le danger vient d'en haut. Kim se demande combien de fois il a posé de charges sous un bateau. Combien de ports il a visités, de combien de sous-marins il s'est extirpé. Il cesse de compter. Pas maintenant. Il se concentre en trois insufflations, ni trop courtes ni trop longues. Sous l'eau, la face immergée des icebergs ressemble à des mottes d'opaline. Comme si en son sein était enfermé le fantôme du soleil. Ari confirme à Kim qu'ils sont à la verticale du bateau. Difficile de distinguer les hublots placés sous le niveau de la mer. Le commandant du *Polaris* a suivi les consignes de Robin : noir complet, de la cale à la passerelle. Des petites taches luminescentes flottent tout autour. Ils sont du bon côté. L'intérieur de l'habitacle est plongé dans l'obscurité. À la surface, le bâtiment doit ressembler à une coque à la dérive.

*

*   *

— Il pourrait pas consoler sa mère, le mioche ? J'en ai marre de l'entendre pleurnicher depuis des plombes… Dans toutes les caches que j'ai fouillées, y'a toujours des femmes qui pleurnichent… On a beau les rassurer, c'est toujours le même cirque !

Morten s'est posté devant l'entrée du *Deep Blue*. Quelque chose l'anime, des gestes réflexes. Il ferme les yeux : se baisse, garde l'issue. Il se voit traverser le champ à découvert avec ses camarades. Une nature exsangue, brûlée par la sécheresse. Ça tire dans tous les sens. Une halte, de longues minutes d'attente derrière le muret qui s'effrite, attaqué à la 14,5, les balles qui claquent juste au-dessus de leur tête… Il faut atteindre le sous-bois. Attendre que l'ennemi sorte de sa tanière et tirer dans le tas le premier, juste pour ne pas mourir. Cette nuit, il n'a pas visé le mioche. La femme ! La femme ! Ne pas la quitter des yeux ! C'est elle qui trahit. Mais non… elle n'est pas armée. Fixer l'enfant, ça lui revient tout naturellement. Mais il ne l'entend même pas ce pauvre garçon, il ne le calcule pas. Il serait incapable de dire à quoi il ressemble. Il s'est mis en boule avec sa mère, au fond du canapé en forme de coquillage. Elle pleurniche et ça a le don de l'énerver. Depuis qu'elle a vu son mari s'effondrer, elle n'arrête pas. Elle est en boucle. Ils se sont trouvés au mauvais endroit au mauvais moment. Ils auraient pu tout aussi bien choisir une croisière sur le Nil. Mais non, ils ont choisi le froid, la nuit et des aurores boréales qui tardent à se lever. Morten a oublié comment il est arrivé dans le *Deep Blue*. L'amertume au coin des lèvres. Depuis, lui aussi est en boucle. Il a repris les armes comme au bon vieux temps, mais plus tôt que prévu. Il a tiré sans hésiter. Il continue de parler à ce Tristan qui lui tape sur le système. Il aurait bien besoin qu'on lui ferme sa « grande gueule ». Pourtant il a déjà tiré, mais il continue de lui parler. Où est-il ? Il se souvient avoir traîné un corps dehors. Mais c'était quand ? Il y a longtemps ? Il y a dix ans, il a tiré trop tard. Il n'a pas pu sauver la peau de son ami. Désormais, peu importe qui s'en sort.

Peter lui parle de l'autre côté de la cloison. Par moments, il a envie de l'arroser d'une grosse rafale, il ne sait pas pourquoi. Ça tourne vraiment pas rond. Le coup est parti, c'est un bruit qu'il avait tout à fait oublié, et ça ne lui avait pas forcément manqué. Mais toutes ces sensations remontent maintenant. Peter lui demande si ça va. Mais comment ça pourrait aller ? Il ne veut pas recroiser le regard de l'enfant. Il ne bouge pas, attend. La femme devrait se taire maintenant. C'est fait. Il n'y a plus rien à dire. Il se retient de se jeter sur elle pour lui fermer la bouche. Il sait que s'il s'en approche, il risque de la lui fermer définitivement, comme il a fait tout à l'heure avec Tristan. Il a très envie de s'engouffrer dans cette brèche qu'il vient d'ouvrir. Et Peter qui lui pose des milliards de questions. Lui aussi devrait se taire. Ça ne tourne pas rond, non. Il se retient, mais pour combien de temps ?

*

*   *

Ari l'observe, tandis que Kim le tient en joue, en balayant son arme de temps en temps en direction de la surface. Morten est prostré. Malgré la distance, la petite caméra qu'ils viennent de coller au hublot, va les renseigner sur son état. La mère et le fils ne bougent pas. Les courbes du salon n'offrent aucune zone de repli en cas d'assaut. Il faut par tous les moyens réussir à les faire sortir de ce *Deep Blue*, mais comment ? En passerelle,

Robin et le commandant Besse échangent les dernières informations.

— Qu'est-ce qui vous fait dire que Peter et Niels ne changeront rien à notre arrivée ? Ils peuvent vouloir sauver leur ami à tout prix ? demande Robin.

— Niels et le médecin viennent de repérer Tristan. Il n'est pas mort, un râle s'échappe. Enfin on ne sait pas, il est dans le coma, blessé sérieusement à la tête. Niels est sidéré par la tournure que les choses sont en train de prendre. Il en veut à son ami. On a besoin d'évacuer le blessé au plus vite.

— Tenez bon, ça va prendre encore un peu de temps...

— On va pas tenir, vous savez. Combien de nautiques pour rejoindre l'île de Hans ?

— On y est.

— Mais je ne vous vois pas ?

— Vous ne croyez pas qu'on va faire sonner la corne de brume...

— Vos plongeurs ?

— Ils travaillent... De votre côté, à mon signal vous allez tout couper...

— Eau, électricité ?

— Affirmatif...

— Ça va paniquer en bas...

— C'est le but escompté... Si on veut les sortir, il faut en passer par là. Ils vont avoir vite froid... Il faut qu'à un moment, Morten ait besoin de sortir de *Deep Blue*... Chercher des couvertures, de quoi manger... qu'importe ! Un truc qui lui prenne la tête. On cherche... Ajouter de l'inconfort au stress, ça débloque pas mal de situations. Vous me confirmez qu'il n'y a rien à craindre du côté de Peter ?

— Négatif... Aucune confirmation, aucune idée...

— O.K. Va falloir le tester en amont. Vous le mitraillez de questions pour garder le contact et on s'occupe du reste... Il est armé ?

— Niels m'a parlé de deux armes de poing et d'une AK 47... Peut-être quelques grenades, il ne savait pas. Mais qui a quoi ? Aucune idée.

— On a des éléments qui sont tombés sur l'état psychique de Morten avant d'embarquer sur le bateau... Pas fameux fameux... Il a un paquet d'antécédents psychiatriques. Il n'a rien à faire ici, si je peux me permettre... Plusieurs séjours en unité. Décompensations sévères à chaque fois. Deux gros épisodes paranoïaques aigus, liés à des phases d'hyper réveil sur plusieurs semaines. Bien fragile, le mec. Et puis, particulièrement à la même période... le pic se situant le 1er avril...

— Aujourd'hui en somme !

De drôles de poissons collent leur nez sur les hublots du *Deep Blue*. En levant la tête, Ari et Kim en dénombrent trois massés autour de la coque, comme si les capteurs qu'ils venaient de fixer les avaient immédiatement attirés. Ils en ont vu suffisamment pour rapporter les bonnes infos au groupe, de l'autre côté de l'île.

*

*   *

— T'as la même gueule de con que ton père, balance Morten, comme s'il sortait d'un profond sommeil.

— Il… il… ne vous comprend pas, réplique la mère, terrorisée. Je veux voir mon mari. Je veux que ce cauchemar s'arrête… Qu'est-ce que vous allez faire de nous ? Comment va-t-il ? Je vous en supplie…

— J'en ai aucune idée… Laissez-le où il est… Vous voyez, je vous dis la vérité !

— Mais qu'est-ce que vous voulez ?

— Vous donner à vous et à votre mioche une petite leçon de vie. Il me semble que son connard de père ne l'a pas fait…

— Mon enfant ne vous a rien fait !

— Ah ça, c'est sûr ! Il fait rien à personne… Il est aussi vif qu'un poisson rouge…

— Il est en état de choc. On a peur…

— Pauvres petites choses ! Tu sais ce que c'est, un bouclier humain ?

Peter entend tout. Les choses ne vont pas s'arranger. Le commandant Besse le bombarde de messages, mais il ne sait pas quoi lui répondre. « Où est Morten ? Qu'est-ce qu'il fait ? Où sont les deux otages ? Est-ce qu'ils sont vivants au moins ? Vous avez le contact ? Mais répondez-moi ! » Tous ces mots se bousculent sur son petit écran. Oui, tiens, comment vont-ils ? Est-ce qu'ils commencent à ressentir quelques frissons comme lui ? Ou seul le chauffage du cagibi est tombé en panne ? Étonnant que la température baisse ainsi… Peter ne sait pas si c'est le stress, mais il ne contrôle plus ses tremblements et une vague de froid intense lui court tout le long de la colonne vertébrale… « Faut que je sorte de là ! » se dit-il. La panique lui monte au crâne. Dans quel merdier Morten les a fourrés. Qu'est-ce qu'ils préparent là-haut ? Ils ont dû prévenir les autorités. Ils sont bel et bien dans le pétrin… Et immédiatement la question qu'il se pose, c'est de savoir de quel côté il se met… Ce qu'il sait, c'est qu'il ne veut plus assister à la mort de quelqu'un et ça en prend le chemin. Le trahir ou l'aider ?

Morten l'appelle.

— On a froid ! Ils nous ont coupé le chauffage, ces enfoirés. Il nous faut des couvertures ou on va crever !

*

*   *

Les deux nageurs, munis de leurs jumelles à vision nocturne, traversent une forêt de glace constellée de petites taches luminescentes. Un peu partout, la vie flotte au gré des courants et contraste avec une impression spectrale. Un étrange pressentiment accompagne leur retour. Ronan et Boris ont pris place à l'avant du FUTURA. Ils ont de la chance, la mer est plutôt calme. Toutes les autorités se sont mises d'accord pour que l'intervention à bord soit « franco-française », même s'ils sont appuyés par la Marine royale danoise. Un hélicoptère *Lynx* prêt à décoller du *Tulugaq*, attend le feu vert de Robin. L'intervention ne doit pas durer plus de dix minutes, ils comptent sur l'effet de surprise pour éviter le carnage. La chance est de leur côté, la luminosité est quasi nulle, le vent a cessé de souffler. Le bateau, au mouillage, danse sur l'eau ; seul un petit bruit de glace qui craque rompt le silence. La morsure du froid n'entame pas l'énergie brute qui se dégage du groupe. Il s'avance.

— Le *Polaris* est juste de l'autre côté de cette masse sombre, indique Robin à ses hommes.

— Toujours silence radio chez Peter ? demande Boris.

— Oui, répond Tom. Il ne donne plus aucun signe depuis bientôt deux heures.

Robin interroge son écran. Pas de retour des autorités… Nico s'est posté au fond du zodiac qui tape légèrement la surface. Il pense à ses deux amis plongeurs qui ne vont pas tarder à remonter. Ronan attend les consignes de Robin pour couper les moteurs. Max et Lucky sont du voyage. Plus aucun bruit sur l'eau. Dans leurs casques, ils suivent l'avancée des ordres qui proviennent du *Tulugaq*. De son côté, le commandant du *Polaris* doit actionner une alarme au signal de Robin. Tout est prévu pour un abordage dynamique et fluide. Tom tient déjà l'échelle spéléo hissée sur une perche qu'il doit accrocher à la rambarde du bateau. Ce petit geste a été répété des centaines de fois. Deux collègues l'aident à stabiliser la structure. Ils ne sont plus qu'à cinquante mètres du bord. Toutes les lumières sont éteintes à tribord. Ils avancent dans le noir complet. Seul un halo rouge s'échappe de la passerelle à bâbord… Personne ne bouge à l'intérieur. Ils ont reçu la consigne de se réfugier sous le pupitre de commande. Besse explique qu'il va falloir attendre qu'on vienne les chercher. « C'est chaud ! » se dit Tom. « Qu'est-ce qu'ils foutent là-haut ? » s'impatiente Ronan. L'ordre n'arrive pas. Le pilote appuie toute son approche sur la vitesse du courant et l'angle du bateau. « Stand-by... » glisse enfin Robin à tous les hommes dans leur casque.

— De Robin à tous : Vert action !

Tom positionne la perche avec, à son bout, le grappin qui doit venir se fixer sur le plat-bord. Il manque quelques centimètres. Vingt peut-être. Ils auraient sous-estimé la hauteur de la passerelle ? Les vagues recommencent à se former. Tom se met sur la pointe des pieds, grappille, se déploie, gagne encore de la hauteur. Ronan jauge d'un seul coup d'œil. Ça doit le faire... « Tiens le coup, mec ! Allez, allez ! Encore ! » Robin vient à sa rescousse. « Désaxe-toi encore un peu, t'y es presque ! » l'encourage le pilote. L'épaule de l'officier craque sous le poids de Tom qui prend lourdement appui sur lui. Une vague inespérée soulève le zodiac du bon côté, il en profite pour accrocher la perche et colle une ventouse sur la paroi du *Polaris*. « Bien joué, *Bidou* ! » En quatre minutes-record, tous les gars sont sur le pont, noir et désert. Une grosse alarme se met à hurler. Robin donne le vert ralliement à l'hélicoptère.

— C'est quoi, ce putain de vacarme ?

Morten sort de sa torpeur. Il entend frapper à la porte depuis un bon bout de temps. De l'autre côté du salon, il devine dans la pénombre bleutée une grosse forme qui bouge à peine sous des couvertures. Il se souvient. Ces gens l'ont mis dans tous ses états. Depuis combien de temps est-il enfermé avec eux ? La mère et son fils n'ont pas bougé. Et le père ? Il l'a vraiment tué ? Qu'est-ce qu'il fout ? Il a faim, il a soif, il est fatigué. Et cette sirène ? Le feu a peut-être envahi tout le bateau. Morten regarde autour de lui. Le décor est spectral. « On est mort ? » se demande-t-il.

— Ouvre, putain, Morten, ouvre !

Elliot se tient derrière la colonne, prêt à intervenir s'il faut évacuer un blessé. Lucky, collé à son maître. En troisième position, c'est Tom qui jettera une grenade aveuglante et assourdissante à la moindre occasion, pour fixer l'attention du forcené et tenter de le maîtriser. Robin se tient juste derrière Boris qui porte le lourd bouclier. Trois par trois, ils progressent le long du bastingage. Tout droit, puis à gauche ; au bout de la coursive, c'est le solarium. Ils prennent l'escalier. La zone de danger est tout au bout. Les actes réflexes fonctionnent parfaitement. Boris et Robin repèrent la double porte qui donne directement sur le salon *Deep Blue*. Personne dans le petit cagibi attenant. Peter a quitté sa planque sans en aviser le commandant. Où est-il ? Celui-là est à surveiller comme le lait sur le feu...

— Où est passé Niels ? C'est un traître, je le sais depuis toujours. Il aurait dû crever à la place de Jens ! Comme nous tous ! Sa vie valait toutes les nôtres !
— Morten... Tu délires. Il faut que tu lâches ton arme...

À quoi bon ? Morten est passé de l'autre côté du miroir. Négocier ? Pas la peine... L'alarme vient de s'arrêter. La mère s'est remise à sangloter. Peter regarde son ami qui ne tient plus en place, pointe son arme dans toutes les directions, le braque. « Sa vie valait toutes les nôtres », répète-t-il en boucle. Il comprend enfin la dimension sacrificielle de ce voyage. La date anniversaire, la mine sombre, les armes introduites à bord. Morten voulait mourir sur l'île de Hans et les emporter tous dans la tombe. Payer sa dette à Jens et celle qu'il estimait que tous lui devaient. Un suicide altruiste en quelque sorte... D'instinct, il s'éloigne des deux otages. Dans sa démence, Morten les a peut-être oubliés. Il est devenu son point de fixation, son obsession.

— Tu m'entends, Morten ? Calme-toi, ça va aller maintenant.

Le forcené a fermé les écoutilles. L'oreille collée à la porte, il scrute la menace. Ça bouge ! Derrière, ça bouge, il en est sûr ! Peter remarque que Morten commence à trembler comme une feuille. Il a l'air d'une bête traquée. Ça lui rappelle le terrain, son regard sidéré quand il a pris une balle, la panique après l'embuscade. Peter hésite. Se jeter sur lui ? Le désarmer ? Trop risqué. « Si je ne fais rien, il va tous nous tuer et s'exploser la cervelle », redoute-t-il. Qui peut mettre fin à ce cauchemar ? Niels ! Il doit faire quelque chose. Mais c'est trop tard...

Dans la coursive, la colonne progresse, elle se scinde en deux. Max, Lucky et Tom ont stoppé quelques minutes dans la cabine de Morten, juste le temps pour le chien d'enregistrer le foyer d'odeur et de la discriminer des autres. Ils sont prêts à défoncer la porte du *Deep blue*. Robin veut le prendre en tenaille, mais comment ? Comment le maîtriser avant qu'il ne fasse un carnage ? Un bruit sourd cogne régulièrement dans la porte.

— Arrête, Morten ! Tu vas te faire mal ! supplie Peter.
— Ta gueule ! C'est trop tard… j'ai… mal !
— Qu'est-ce qui est trop tard, Morten ?
— T'entends pas l'hélico ? Il est parti de trop loin ! Il nous a pas vus et il a pas pu sauver Jens !
— Morten ! Qu'est-ce que tu dis ? On n'y est plus ! Ça fait dix ans qu'on est revenu…
— Il arrive trop tard, répète Morten, désorienté.

Max a décidé de s'alléger au maximum, juste une arme de poing et un fusil. Lucky se loge entre ses jambes. Le malinois et son maître font bloc. Tom leur jette un dernier regard pour leur souhaiter bonne chance. Les deux portes palières se referment. « 100 kg, ça devrait le faire ! » se dit-il. Sa main saisit la laisse et le collier. Lucky ne tremble pas, il attend le top départ. Il va se précipiter sur l'odeur dès que son maître aura déclipsé son mousqueton. Moins d'une minute les sépare de l'impact. Max sent les battements lents de son cœur. Deux fois moins vite que les siens.

— Vas-y mon pote… lui glisse-t-il dans l'oreille.

Morten ne se souvient pas quand il a fumé pour la dernière fois. Il fumait là-bas, oui, comme un pompier. Beaucoup avant les patrouilles et au moins autant le soir, de retour au camp de base. Mais ce goût acide qu'il a dans la bouche n'est pas celui de la nicotine. Un goût d'amertume, de lait caillé. Il n'a pas bu depuis combien de temps ? Dans sa poche, une grenade, il la tient bien dans sa paume. Ça nettoie tout, ça ne fait pas de quartier. Peter retient son souffle. Il aperçoit une petite lumière verte clignoter derrière le bar : « Putain, ça monte ! »

Ça tape : « Marine nationale ! »

Le monte-charge s'ouvre enfin. De l'autre côté de la porte, Boris utilise son HK 416 pour la faire voler en éclat et créer une diversion. Max lève la tête pour marquer sa cible au laser. Lucky surgit de derrière le bar et se jette sur le point rouge. Sa gueule se referme sur la main qui brandit la grenade. Pas le temps de la dégoupiller. Sous le poids de Robin et le genou de Tom, Morten est vissé au sol, il peine à respirer. À plat ventre et les mains derrière la nuque, il se laisse menotter.

Les otages ne bougent pas, tétanisés sous leur couverture. Peter a pris soin de les allonger au sol pour éviter les balles perdues. Lui attend sagement que l'on vienne l'arrêter. Le temps viendra de prouver son innocence.

En vol stationnaire au-dessus du *Polaris*, le *Lynx* récupère Tristan qui vient de rendre son dernier souffle. Peter, lui, plonge son regard dans celui de son ami. Plus une seule lueur d'espoir.

Morten est resté l'éternel captif des monts du Koh-e-Paghman.

PÉTROLE *VS* MANGROVE

Mercredi 3 septembre. Encore quelques minutes et le soleil aura tout à fait disparu derrière la ligne bleue de l'horizon, au large de la presqu'île de Bakassi. Buchi, l'adjoint à la sécurité du bateau de forage le *Polka*, accompagne sur l'hélisurface son chef pris de vomissements aigus moins d'une heure après le petit déjeuner. Son état se dégrade à vue d'œil. Le médecin du bord a décidé de l'évacuer au plus vite sur l'hôpital de Douala, au Cameroun. Hors de question d'abandonner le site de production sans donner les codes et les recommandations d'usage. « En attendant que mon doublon arrive, je compte sur toi pour faire tourner au mieux la baraque », lui glisse-t-il, plié en deux de douleur. L'homme s'acquitte d'un « Ne vous inquiétez pas, patron », machinal, et tourne les talons. « Bon débarras ! se réjouit-il de cette heureuse coïncidence, c'est un signe de Dieu ! » Cela fait cinq ans que les deux hommes travaillent main dans la main et qu'Olivier, son chef, lui donne de plus en plus de responsabilités. Au début, cela comblait ses attentes. Mais peu à peu, le trentenaire a changé d'avis sur le sens de son job, et plus généralement sur le sens de sa vie. La question de l'exploitation du pétrole dans la région est devenue sa préoccupation. Il a rallié la cause d'une organisation soutenue par les siens, après un drame familial. « C'est fini, je ne peux plus revenir en arrière ! » se répète-t-il pour se donner du courage. Ses heures sur le site d'exploitation sont désormais comptées. Un frisson lui court tout le long de la colonne, comme une impatience dans le creux de ses reins. Le vertige de changer de vie l'envahit parfois, même si c'est pour la bonne cause. Il ne s'agirait pas de se foirer... Lui qui a gravi les échelons jusqu'à occuper le poste d'adjoint à la sécurité, a décidé de tout lâcher. Certes, il gagne de l'argent, peut-être même qu'il pourrait en gagner plus, mais il ne dort plus comme avant. Avant la mort de son frère dans une explosion d'oléoduc, il y a deux ans. Il n'a jamais su où placer la responsabilité de cet accident. Du côté des pilleurs qui s'attaquent aux grands tuyaux à ciel ouvert ? Ou de celui des exploitants qui « sucent le sang de leur terre », comme lui rabâche depuis des mois son cousin Akin. Ce dernier a su trouver les mots et peu à peu le convertir à sa cause. De son hublot, Buchi contemple la vaste étendue de mer qui l'entoure à perte de vue. En plissant les yeux, il peut apercevoir une ligne plus épaisse qui fait face à l'horizon. C'est la terre, sa terre. Sous lui, à des centaines de mètres, ce maudit « bloc en or », des fonds qui regorgent de trésors et qui tuent. Il pense à sa famille, à ses voisins qui ne pêchent plus faute de poissons dans l'estuaire, à cause de ce liquide qui rend fous les hommes. Son peuple croule sous les taxes gouvernementales, depuis que le Cameroun s'est vu attribuer leur presqu'île de Bakassi. Des millions de litres d'or noir qui coulent dans les entrailles de cette terre polluée à sa surface et stérile en son ventre. Il aimerait oublier le sort de ceux qui n'ont pas eu la chance de s'en sortir, rester dans sa bulle de privilégiés, mais il n'y parvient plus. La pression communautaire est trop forte. La mauvaise conscience aussi. Certains repartent au Nigeria voisin, sa terre d'origine. Sa colère est sourde, mais bien réelle. Jusqu'ici, il ne manquait de rien, nourri, logé, blanchi et équipé d'un matériel high tech indispensable à sa prise de fonction. Mais cette aisance a fini par lui poser un vrai problème éthique. Sa « conversion », c'est ainsi qu'il qualifie son entrée dans la clandestinité, est vécue comme une croisade contre l'esclavage moderne. Il aurait pu se contenter d'être un informateur, un facilitateur, mais en acceptant de participer à cette opération coup de poing, il veut basculer définitivement de l'autre côté. Au nom des siens, il ne veut plus laisser les dominants régner. Il a rejoint les rangs du Mouvement d'anticipation du delta du Niger, le MEND[1], qui lutte avec acharnement pour la redistribution du filon « pétrole ». Montrer que le temps est venu de ne plus pactiser avec l'ennemi. Dix hommes armés de kalachnikovs et de lance-roquettes RPG7 sont suspendus à son signal. Patience. À peine sorti de sa cabine pour rejoindre la passerelle, son talkie se met à grésiller. C'est le commandant.

— De la passerelle à Buchi ! La navette est en approche ! On vous attend pour la vérification des codes et l'ouverture du container !

1. Mouvement militant nigérian créé en 2004 et très actif dans le delta du Niger

Buchi est chargé de la surveillance de tout ce qui rentre et qui sort du bateau de forage. Les cuistots sont au taquet, ils vont pouvoir changer leur menu et rompre la routine qui s'installe vite sur ces plateformes. La cargaison de vivres est vérifiée à Douala et validée par un vétérinaire assermenté en amont, avant d'être scellée et accompagnée d'un numéro gravé sur un plomb. Elle peut alors être acheminée par la mer. À l'ouverture, le numéro doit correspondre à celui du chef de la sécurité, seul habilité à ouvrir le caisson. Buchi, en l'occurrence, est préposé à la réception. L'introduction de fruits, de fromages, de viande et de tous ces produits frais qui embellissent les assiettes des travailleurs de cette vaste base flottante, doit être passée au peigne fin. La traçabilité est indispensable, afin d'éviter la moindre infection. Un simple empoisonnement alimentaire pourrait avoir des conséquences désastreuses… Et ça non plus, ça ne lui a pas échappé. Buchi vérifie les chiffres gravés sur la petite plaque du container et ceux qui s'affichent sur l'écran de sa tablette. Tout est O.K. Les manutentionnaires récupèrent les cageots et les cantines pour les emmener dans l'immense magasin attenant aux cuisines. Une lui passe sous le nez, il la retient.

— Celle-ci, vous la mettez de côté, c'est pour l'arrivée de l'équipe de soutien logistique.

Deux de ses gardes la prennent en charge. Cette petite faille dans la sécurité ne lui a pas échappé. Au loin, il aperçoit la navette transportant la fameuse équipe d'ingénieurs français. Ils viennent assurer la maintenance des pompes à eau. Tout se passe comme prévu. Et les heures pour la jeune Oriane et les deux nouveaux arrivants sont désormais comptées…

— Ici le commandant de bord, nous allons procéder au « drill pipes » hebdomadaire ! Tout est prêt de votre côté, Buchi ?

— R.A.S., Commandant, je prends en charge le personnel, vous pouvez envoyer l'alerte !

Buchi se met en pilote automatique, il connaît par cœur la procédure. Une voix monocorde s'échappe des haut-parleurs placés un peu partout dans le top-side, les messages d'avertissement retentissent dans les différents ateliers et sur le pont : « Alerte incendie ! Alerte incendie ! À tout le personnel, veuillez rejoindre les zones sécurisées ! »

— Après l'exercice « piraterie », c'est au tour de « l'incendie » ! C'est anxiogène tous vos trucs ! Ces moments me font flipper…

— Ne vous inquiétez pas, mademoiselle. C'est une question d'habitude… grommelle Buchi.

Oriane est une jeune ingénieure de terrain et d'évaluation des réservoirs. Elle vient de fêter ses vingt-cinq ans et vit sa première mission embarquée avec quelques difficultés au démarrage. Elle présente des signes de fragilité, certes, mais le commandant a demandé à l'équipe Sécurité de la cocooner un peu. Toute cette anxiété ne devrait pas durer. Par ailleurs, elle est ultra-compétente dans son domaine et donc un élément essentiel à conserver. Buchi se souvient que lors du précédent exercice, elle avait posé pas mal de questions sur les motivations des pirates, le sort des otages, leur condition de détention, l'endroit où on pouvait les emmener. À tel point qu'il s'était demandé si elle ne se doutait pas de quelque chose.

— Les exercices sont faits pour ne plus avoir peur, mademoiselle.

— Ou pour conjurer le sort, non ?

— Contentez-vous de faire ce qu'on vous demande de faire et tout ira bien.

— Ça veut dire obéir ?

— Oui, toujours obéir…

Il sourit, mal à l'aise, ça le fait presque grimacer. Il doit pourtant prendre sur lui pour n'éveiller aucun soupçon, surtout de la part de cette jeune femme qui peut facilement partir en vrille. Il ne la voyait pas aussi réactive. L'équipage est regroupé sur le pont et attend les consignes. Buchi va expédier l'affaire. Au fond, c'est son dernier drill, il ne reviendra plus en arrière. Oriane jette un œil un peu inquiet du côté de la « *safe heaven* », une citadelle dans laquelle ils sont censés se réfugier en cas d'attaque et avant l'évacuation…

— Maintenant, je vais vous demander de prendre calmement place dans le Free-fall.

Oriane a décroché. Elle finit l'exercice un peu désorientée. Chacun regagne son poste de travail, dans quelques semaines ils recommenceront. Pour Buchi en revanche, l'épreuve, c'est maintenant. La tension monte d'un cran. Dans quelques heures, il devra coordonner le confinement des trois Français et le débarquement de ses amis sur le bateau, afin de récupérer les trois poules aux œufs d'or. Les vannes de la colère sont ouvertes et ça lui donne du courage. Deux *Speed boat* viennent de quitter le delta du Niger avec à leur bord des hommes encagoulés et lourdement armés. Une vingtaine de kilomètres les sépare de leur objectif. Buchi, à bord, se charge de préparer le terrain, les deux complices qu'il a recrutés récupèrent des armes dans la fameuse cantine livrée dans la journée. Ils font eux aussi partie du commando.

— Bouge pas ! Si tu dis rien, on te fera rien !

Plongée dans un profond sommeil, Oriane sursaute. Elle sent un objet froid contre sa joue. Elle ouvre les yeux. Tétanisée, elle regarde Buchi droit dans les yeux. Il lui colle un scotch sur la bouche, elle n'a pas le temps de se débattre, elle a déjà un bonnet enfoncé jusqu'aux yeux.

— Suivez-moi et tout va bien aller.

Pas un mot de plus. Il lui tire le bras et se colle brutalement derrière elle, son arme de poing appuyée sous sa mâchoire. Buchi presse le pas, la pousse en avant. Elle a peur de tomber. Un pied écrase le sien, puis c'est son genou qui heurte un angle de mur. Elle ne sait plus où elle est. Elle entend d'autres voix, sent d'autres corps à ses côtés. Un homme, puis deux. Elle n'est pas la seule. Des bruits sourds, étouffés, d'autres gens bâillonnés se télescopent. Le stress l'empêche de respirer. Elle ventile beaucoup trop, mais n'arrive pas à se calmer. Une main nerveuse la pousse en direction du sol.

— Assis, bouge plus !

Accroupis dans le local incendie, ils patientent plusieurs minutes, une éternité. À côté d'elle, la respiration forte et saccadée de son voisin la gêne. Elle compte. Peut-être cinq ou six respirations différentes ? Certaines entravées, d'autres non. Ça l'occupe. Tout défile. Elle se dit aussi qu'elle a bien fait de changer d'avis et de dormir en pyjama. Puis le questionnement se fait plus précis… Combien de temps ils vont rester là ? Qu'est-ce qu'ils attendent ? Un bateau ? Des hommes comme les a décrits Buchi l'autre jour ? Dans les reportages qu'elle a vus, ils apparaissent comme des bandes de criminels, tirent des coups de feu en l'air et déciment tout sur leur passage. La majorité se cachent derrière des cagoules et d'autres recouvrent leur visage d'une poudre blanche qui les grime pour partir en guerre contre l'oppresseur. Ils ont la haine du Blanc, ça ne fait aucun doute. Buchi a dit que les pirates agissent en très peu de temps. Elle cherche le terme exact qu'il a employé… « *like a storm* », comme une tempête ? Elle avait noté qu'il s'était trompé, quand il avait employé ce mot, mais elle n'avait pas osé lui dire. Elle se dit qu'elle a bien fait… qu'il lui en aurait voulu encore plus…

— Calme-toi, je t'ai dit.

Oriane tente de ravaler ses sanglots. Ses larmes se mêlent à ses cheveux et se collent au bonnet en laine qui sent la sueur et le bois brûlé. Buchi regarde son téléphone, puis sa montre, puis son téléphone. « Du calme, tant que l'alarme n'a pas sonné, tout va bien », se répète-t-il en boucle. À cette heure, personne ne peut se douter que du personnel est en danger. Akin le tiendra au courant dès son approche. Tout est calé. Pas plus de trois minutes les séparent de la passerelle. Oriane cherche de l'air. Elle scrute le bruit autour d'elle. Elle sent qu'elle perd pied, toutes ses angoisses qui remontent à l'enfance et se réactivent. Depuis son arrivée sur le *Polka*, elle ne maîtrise pas ses émotions. Elle ne sait pas pourquoi. Elle s'est sentie en danger dès qu'elle a posé le pied sur le bateau. Tout cela n'était donc pas une vue de l'esprit. Elle se dit qu'elle s'est trompée de métier et que si elle s'en sort, elle le laissera tomber. Elle ne s'est jamais sentie aussi seule, ça, elle en est sûre. Elle pense à son fiancé qui est venu la rejoindre à Yaoundé et à sa vie qui va peut-être s'arrêter. Pourquoi elle ? C'est la faute à pas de chance… Les autres à côté se disent sans doute la même chose. Qui sont-ils ? Des Français ? Elle va pouvoir leur parler. Surtout ne plus être seule ! Briser l'isolement au plus vite ! À quoi pensent-ils ? Qu'est-ce qui va leur arriver ?

Buchi ventile un peu, lui aussi. Pour lui, c'est un autre plongeon dans l'inconnu, voulu, assumé. Ses entraînements ont-ils suffi ? Et si tout ça dégénérait et se transformait en boucherie ? Après tout, il ne connaît pas si bien ce monde dans lequel il vient de basculer. Lui aussi, ça lui faisait plutôt peur quand il était petit de les voir remonter les fleuves à toute vitesse, masqués, le fusil bien en main, tirant de grandes salves en l'air. Il balaie ses doutes et se souvient de son frère transformé en charpie. Son écran s'allume, c'est le moment. Akin et ses complices sont sur le point d'aborder. Plus qu'une poignée de secondes et les sirènes vont hurler.

— Allez ! On descend !

Entre chaque otage, un homme. Histoire d'éviter les chutes ou une tentative de rébellion. Il en doute, ils n'en ont pas le profil. Et puis ils ont été formés à obtempérer ! Le *speed boat* n'est plus qu'à quelques mètres du bord. Plus besoin de prendre de précautions. Les sirènes se déclenchent. Quelques rares coups de feu partent de l'étage supérieur du bateau, peu nourris, sans doute de peur de blesser les otages. Les gros projecteurs sont braqués sur les embarcations. L'équipe en appui arrose les gardes postés sur la passerelle, pendant qu'Akin et ses complices, les armes pointées sur les otages, crochètent le bord et les jettent un par un comme des sacs de marchandises à l'arrière du hors-bord. En quelques secondes, moteurs vrombissant, le groupe file vers la côte.

*

* *

Sur la pointe de la Torche, Robin a fait le plein d'énergie, caché dans son repaire, avec pour seule compagnie son fidèle Tuck et les Goélands. Koban, sa source de vie. Un sas de décompression avant de retrouver la compagnie des hommes. Toute l'équipe souffle, récupère du manque de sommeil et des semaines passées au large des Caraïbes.

La nouvelle de l'enlèvement des trois Français vient de tomber au MICA Center de Brest qui gère le Contrôle Naval Volontaire. Les Commandos fonctionnent à flux tendu, ALFUSCO[1] a désigné Robin pour suivre la crise et préparer la mission. Entre sa grotte et Lorient, le lieutenant de vaisseau peaufine sa bafouille. Par chance, il vient de lire un rapport du bureau « Analyse » de Kieffer sur la piraterie dans cette zone. Rien ne l'étonne, le dernier exercice « African Nemo » a pointé de grosses carences de sécurité dans ce périmètre. Son chien Tuck, assis à ses côtés, n'en perd pas une miette. Quoi ? Où ? Quand ? Qui ? Comment ? Et accessoirement pourquoi ? L'affaire du *Polka* offre une occasion de montrer les crocs. Il se doute que la décision d'intervenir est un message politique et diplomatique fort, face à la hausse de trente pour cent d'enlèvements au large du delta du Niger, et qu'elle est renforcée par l'inertie des partenaires locaux. Certains n'hésitent pas à dynamiter des plateformes off-shore et surtout à prendre en otages les équipages, de préférence étrangers. L'amnistie du gouvernement nigérian envers les pirates a montré ses limites : « L'ouragan Barbarossa[2] reprend des forces, il faut réussir à ralentir sa course », lui a dit l'amiral Deliège, qui commande la FORFUSCO. Les sabotages d'oléoducs ont repris, des Occidentaux sont morts lors des attaques, la riposte doit être de forte intensité.

1. État-major de la FORFUSCO, commandant les Fusiliers marins et les Commandos marine
2. En septembre 2008, le MEND avait baptisé « L'ouragan Barbarossa » la guerre déclarée contre tous les navires pétroliers et gaziers s'approchant du delta du Niger.

« Retour au GROUCO, finies les vacances, mon brave Tuck ! »

L'amiral, bras croisés et visage fermé, écoute le lieutenant de vaisseau briefer ses hommes :

— Trois de nos compatriotes viennent d'être enlevés. Ils travaillaient sur le *Polka,* un bateau de forage positionné au large du delta du Niger. On estime l'heure de leur enlèvement à 4 h 30 du matin. Il s'agit d'Oriane Aurincourt, Laurent Doisel et Philippe Lorion, respectivement 25, 45 et 53 ans. Ils font partie des soixante-dix personnes qui se relaient sur le bateau-forage, avec un personnel constitué en grande majorité de locaux. On attribue ce rapt aux MEND qui continuent de sévir malgré l'émergence de nouveaux groupes comme le Niger Delta Avengers, concentrés dans le sud-ouest du Warri et eux-mêmes dirigés par des anciens membres encore actifs qui ont refusé l'amnistie. Eux se disent plus jeunes, plus instruits et excluent pour le moment la prise d'otages. Ils ont toutefois dynamité un site offshore il y a quelques mois... Parenthèse refermée. L'hydre possède plusieurs têtes et donc plusieurs visages... Ils bénéficient tous, on va pas se le cacher, d'appuis politiques, sans parler des complicités sur les sites de production. Ce qui semble avoir été le cas sur le *Polka,* l'adjoint à la sécu a débauché deux mecs. Vous dire notre zone d'intervention serait un peu prématuré... Pour autant, on tourne actuellement autour du delta du Niger, et plus précisément de la presqu'île de Bakassi. Des hélicoptères sont en reconnaissance dans la zone, j'ai demandé de l'imagerie satellite ce matin. Notre point de chute se situe dans ce merdier marécageux... qui offre néanmoins des caches de choix... En tout cas, c'est là que moi je choisirais de me planquer si j'étais eux... Dieu merci, je ne le suis pas ! Des questions ?

— On débarque par où ? demande Ronan.

— On a retenu la mer, n'est-ce pas Amiral ?

— Exact. Étant donné qu'on ignore leur destination finale, le plus logique est de se mettre dans leurs traces.

— Le vecteur sur place ?

— L'ECUME dans un premier temps, on bénéficie d'un petit détachement de commandos déjà à bord du Dixmude[1] qu'on rejoint par les airs et ensuite on rayonnera en FUTURA immergeable si on doit s'infiltrer plus en profondeur dans les branches du delta...

Le décollage est fixé au soir. Pendant que Kim et Ari chargent les derniers sacs dans le camion qui doit les emmener sur la piste de l'aéroport de Lann-Bihoué, Tom retrouve Robin à l'armurerie. Ils tombent sur Gillou, le responsable de la logistique du STAC qui conserve un regard bienveillant à l'égard des jeunes commandos, passés par l'école et l'âpreté du pacha, Henry. Chaque commando emporte avec lui une arme de poing de type Glock ainsi qu'un fusil d'assaut de calibre 5.56 avec optiques de jour et de nuit ainsi que les silencieux, des grenades à main ou à fusil, les JVN, radios individuelles, le tout conditionné en valise Pélican[2].

---

1. Bâtiment de projection désigné aussi sous le terme de PHA (Porte-hélicoptère amphibie)

2. Valise Pélican : boîte de conditionnement des armes utilisées par les Forces spéciales

Les tireurs de précision prennent leur panoplie d'armes longues, Boris a conditionné ses drones et Tom s'assure d'avoir l'attirail de radios pour joindre et être joint par n'importe quel moyen.

— Bon, les silencieux, c'est pour la forme, les mecs en face ne vont pas faire dans la dentelle mais plutôt au RPG ! Tu sais par cœur tout ça, *Bidou*, mais tu me connais, je lâche pas mes ouailles facilement, je continue à les couver longtemps après qu'ils sont sortis du bercail, plaisante Gillou qui vient de passer une tête.

— Oui, *Papa* !

— Parfait, jeune Padawan ! s'exclame le chef de la logistique.

Tom savoure ce moment de complicité avec celui qui l'a cornaqué durant des semaines. Il se souvient du jour où le maître principal est venu le voir avant un parcours commando, alors que ses bras pliaient sous la moindre pompe : « Si tu abandonnes une fois, tu abandonneras toujours… » *Papa* avait mille fois raison. Cette nouvelle camaraderie est loin d'être évidente pour lui. Et encore aujourd'hui, lorsqu'il passe sous les fenêtres du STAC, il ressent toujours une petite tension à la base de la nuque. Par réflexe, il se redresse, comme pour se mettre au garde-à-vous. Il faudra encore du temps, mais un jour viendra où il donnera lui aussi un coup de main pendant les sélections, quand il faudra un peu secouer les jeunes « Padawan » comme lui.

— Qui aime bien châtie bien, hein, *Papa* ! plaisante le lieutenant de vaisseau. Et puis tout le monde n'a pas la chance de passer entre tes mains. Il a été formé à bonne école grâce à toi ! Ça me rappelle de sacrées séances de montage et de démontage de Sig 552 après le nautisme en plein hiver, quand on avait les mains comme des bâtonnets de poissons congelés et que tu m'appelais Capt'ain Igloo ! ajoute Robin à l'adresse de son ami. Dis-moi, tu serais un vrai papa si tu acceptais de t'occuper de Tuck pendant notre petit séjour dans le golfe de Guinée ! Pas le temps de le déposer à qui de droit...

— O.K., s'il reste sur le terrain et que j'ai rien à faire... finit par céder Gillou.

— Il n'a besoin de rien. Il va se faire des copains.

— À commencer par votre goupil de malheur !

— C'est pas un renard, Gillou, c'est un chat sauvage !

— N'empêche qu'il a l'air aussi fourbe qu'un renard !

— C'est plus compliqué que ça, crois-moi. Fox est un rescapé, en quelque sorte... Un peu comme...

— Ah, ne me prenez pas par les sentiments ! Vous ne me ferez pas dire qu'il n'est pas un peu tire-au-flanc, votre chat à la tête de renard ! Je l'ai encore vu traîner ses guêtres sur le parcours jungle en faisant sa reco pour le prochain stage. Il allait croquer quelques moineaux et quelques lapins qui ont élu domicile au fond de la cuve...

— Ah, la cuve ! Une vraie ménagerie en attendant les jeunes pioupious ! T'as raison, il a l'air de rien, ce vieux chat roux, mais tu connais ma tendresse pour les brebis galeuses...

Tom observe, amusé, cette complicité forgée par les années et les missions… Pour lui, les sélections et le stage ne sont pas si loin. Il se souvient lui aussi de ce mystérieux rôdeur quand il était au fond du trou, au sens propre comme au sens figuré. Mine de rien, cette apparition l'avait fait gamberger. Il avait envié cette bête sauvage, plus véloce que lui. Il avait eu envie de la suivre, de s'en inspirer. Et malgré la vive douleur que lui causaient ses bras, il avait puisé dans le peu qui lui restait pour remonter. C'est peut-être grâce à cette bestiole que… Mais on ne refait pas l'histoire !

— Qu'est-ce qu'on en a chié !
— T'as bouffé de la merde ? Mais ça t'apprendra à l'oublier ! lui prédit Gillou.

Tout près de Lorient, sur la piste du petit aéroport militaire, un A400 M s'apprête à pointer son nez en direction de l'Afrique de l'Ouest. Dix heures que l'enlèvement a eu lieu. Il leur en faut environ huit pour rejoindre la zone de surveillance du porte-hélicoptères amphibie Dixmude. L'escale sur la côte n'est pas l'option qu'ils ont retenue. Le tarpon[1] en pleine mer présente d'autres difficultés, mais garantit la discrétion et surtout la capacité d'intervenir n'importe où et sous faible préavis. Pour le moment, ils n'ont pas idée du comité d'accueil. Malgré les services de renseignements sur place qui font tout pour décortiquer les signaux

1. Saut en pleine mer pratiqué par les Commandos marine ; moyen de mise en place en cas d'opérations spéciales navales, comme la libération d'otages. Il consiste en un largage de matériel et de personnel à la mer et permet de rallier un bâtiment, un sous-marin ou la terre ferme.

d'alerte, ils ne savent pas à qui ils ont affaire. Les pirates sont à cran et le moindre faux pas peut provoquer un désastre. On est loin des Robins des bois. On a davantage affaire à des mercenaires. L'enlèvement de ressortissants étrangers, c'est un million d'euros par tête de pipe. Ils vont tabler sur trois millions cette fois-ci. Il faut les récupérer avant que l'affaire ne s'enlise et ne donne des idées aux petits camarades. La piraterie au large du Nigeria ne sera pas endiguée pour autant… mais là-haut, on estime qu'il faut que la peur change de camp.

L'avion survole déjà l'Espagne. Bientôt il atteindra la pointe du Sahara occidental qu'ils ont « visité » il n'y a pas si longtemps. « Drôle de vie », se dit Robin. Pas de routine, tout le contraire. Des missions qui s'enchaînent et qui ne se ressemblent pas. Dans la soute, chacun fait le point sur son rôle, sa position dans la formation, sa marge de manœuvre. Et le binôme qu'il va former. Tom pense à cette phrase que les commandos lui rabâchent souvent : « On choisit l'option la moins pire, mon gars. » Car bien évidemment, toutes les situations sont dégradées pour ne pas dire pourries. Il a vite compris dans quoi il s'est embarqué. Une vie à cent à l'heure, avec quelques pauses, certes, mais pas si souvent. Et puis les retours de missions ne sont pas si simples à gérer. « Sur le papier, c'est cool de retourner à la maison, lui disait Nico il y a encore quelques jours, noyé en plein divorce, mais en réalité c'est pas si simple… » Le tireur d'élite commence tout juste à sortir la tête de l'eau. Il a fallu l'intervention d'un juge pour démêler le sac de nœuds dans lequel il était. Au début, ça l'a contrarié d'avoir à déballer sa vie à une femme qui allait nécessairement prendre la défense de la mère. « Normal, elle, c'est Wonder Woman. Moi sans elle, je ne serais pas grand-chose... Elle m'a permis de parcourir le monde... et bla bla bla... » Combien de fois il s'est répété cette phrase pour se rassurer sur ses choix de vie ? Jusqu'à ce que « l'héroïne » mette fin à cette histoire de « couple », devenu au fil du temps une super « team », puis un « océan de larmes ». La première fois qu'elle lui a demandé de faire un choix entre sa famille et son métier, il aurait dû comprendre qu'ils n'en avaient plus pour très longtemps. « Être commando, c'est bien plus qu'un métier », assène-t-il sans cesse à Tom qui vient juste de se fiancer. « Il faut que ta copine en soit intimement persuadée, qu'elle aime la solitude, qu'elle ne prévoie rien, qu'elle accepte le rôle de maman et de papa pendant de longs mois. Il faut qu'elle sache que la Marine, c'est ta seconde peau, l'autre femme de ta vie, sinon c'est mort. » Pour lui, c'est objectivement mort, il a encore du mal à se l'avouer, mais il en parle au passé... Quinze ans le séparent du jour où ils se sont dit oui. Elle lui a souvent parlé de la « mission de trop ». Et même s'il se posait la question à chaque fois, il repartait sans hésiter. Le lien entre eux a cassé net, quelques années plus tôt, dans un hypermarché, deux jours après son retour d'une opération extérieure très éprouvante dans la ville de Raqqa. Trop d'attente à la caisse. La patience pourtant, il connaît ça. C'est la base de son métier. Et une réflexion de la caissière lorsqu'il a montré un petit signe d'impatience a fait céder la digue : « Du calme, monsieur, on n'est pas en guerre, tout va bien... » Il a préféré laisser son chariot en plan. Elle n'est pas passée loin d'un magistral « connasse » ! Il a tourné les talons et il est parti respirer entre les flaques de l'estran du côté des plages de Plouhinec. Au-delà de l'incident, il a réalisé que sa vie de famille créait ce conflit de trop, lui qui vivait la guerre tous les jours dans son engagement. Choisir, c'est renoncer. « C'est couper les branches malades », avant qu'elles ne pourrissent... Dans la foulée, il a accepté le divorce que sa femme lui réclamait à cor et à cris. Un jour il ferait le bilan, calé dans son rocking-chair toujours face à la mer, mais seulement dans quelques décennies « Inch'Allah », ironise-t-il parfois. À côté de lui, Merlin s'est endormi. Assis en rang d'oignons dans la carlingue, les commandos se serrent les coudes au sens propre comme au sens figuré. Ils forment une autre famille à côté de la leur, parfois déglinguée. Ils ont appris à faire le vide avant de se lancer dans une mission. Ils se méfient de leur stress et n'en conservent que le petit stimulus qui précède l'action. Une fois encore la page est blanche, sans vertige. Robin et Nico mettent à plat les éléments dont ils disposent :

— Ce sont des bandits de grand chemin dans cette région. Ils sont réputés ultraviolents et très professionnels, loin des justiciers qui défendent la veuve et l'orphelin.

— Oui, et loin aussi de ce qu'on connaît du pêcheur qui s'improvise pirate au large des côtes somaliennes.

— C'est tout le casse-tête de ces luttes de pouvoir téléguidées qui rendent les négociations super difficiles et instables, redoute Robin.

Même s'il le voulait, le vacarme des moteurs empêche Robin de dormir. Il a trop de choses auxquelles penser pour divaguer. Ils ont une fenêtre de tir pour une action à terre. Ça ne se refuse pas, et surtout ça ne se loupe pas ! Ils disposent de peu de temps, le Cameroun est prêt à donner son feu vert. Mais ils n'ont aucun élément sur le lieu de détention. Bakassi est une zone complexe et la population locale ne les attend pas forcément en « amis ». Au fond de la carlingue, Tom garde les yeux grands ouverts. Comme s'il ne voulait pas en perdre une miette, du moins dans ses premières missions. Entre la théorie du STAC et la pratique du terrain, il y a un petit fossé. Il ne doute pas de ses actes réflexes, mais comme tous, il a été gagné par le virus de l'humilité. Dans un premier temps, le béret vissé sur la tête, il s'est senti pousser des ailes. Mais pas de trompe-la-mort chez les commandos. Il sait aussi qu'il ne peut pas compter sur la chance du débutant. Il faut être prêt, au taquet de la première à la dernière seconde de sa mission. Et puis ce fameux tarpon, il en rêve depuis longtemps. Après reconditionnement de leur matériel et de leur embarcation, ils reprendront la mer en direction de la côte. « Il apprend vite le *Bidou*... » songe Nico en l'observant. Depuis le début, il lorgne sur ses aptitudes de tireur, il aimerait bien le débaucher comme ESNO d'ici quelque temps à Penfentenyo, quand il aura fait ses preuves en tant qu'opérateur, puis chef d'équipe. Ce rôle de radio qui lui est confié est le meilleur poste d'observation opérationnelle. Indissociable du chef de mission, il lui fait voir tous les aspects du métier avant de choisir sa spécialité. Se lever le premier, se coucher le dernier et, entre les deux, assister le chef et pas n'importe lequel… Tous ceux qui sont passés sous le commandement de Ludovic Robin s'en souviennent… Une analyse du terrain tactique avec une petite part de vice proportionnelle à la dangerosité de l'ennemi. C'est simple, il a toujours deux coups d'avance sur les autres.

« Au cœur de la presqu'île, tout est trouble », lui a dit récemment un de ses amis à la tête d'une petite société de sécurité privée qui couvre précisément cette zone, jusqu'aux côtes de Djibouti. Robin le sait. Les eaux, les intérêts, les politiques sur place, les pirates, les raisons qui les animent, ceux qui les commanditent et ceux qui mangent sur la bête… Visibilité de merde dans tous les domaines. Sa montre lui indique encore trois heures de vol, donc autant de répit. Il savoure ce moment de calme avant la grosse décharge d'adrénaline au moment du saut, puis la course de fond que va constituer cette nouvelle traque. Se cacher le jour, ne sortir que la nuit. Il aime ce moment où le bruit des moteurs impose le sommeil ou l'ôte. Tom ne dort pas, il veut tout voir, tout vivre, tout entendre. Robin ne regrette vraiment pas de l'avoir pris sous son aile. Il s'améliore de jour en jour. Ses capacités physiques sont indéniables et sa marge de progression est d'autant plus large que le bonhomme n'a pas le sentiment d'y être jamais arrivé. Tom écoute, apprend, se remet en question tous les jours. Est-ce la lumière qui déforme ses traits ? Ou a-t-il déjà changé ? L'épreuve fait mûrir en accéléré. La rusticité des missions. L'action les anime, les nourrit, les galvanise. Jusqu'au jour où le danger finit par être un compagnon rassurant, et là il faut songer à se recycler.

Connais-toi toi-même et connais ton ennemi, oui.

Parce que Robin se connaît bien, il connaît bien ses hommes. Nico, Boris, Ari, Kim, Carlos, Luka, Elliot, Merlin, Ronan, Eddy, Tom… Sa vraie famille, avec Max et un peu Lucky, restés au bercail cette fois-ci. Il prend le temps de les regarder dans ces parenthèses suspendues où ils n'ont rien d'autre à faire que de se retourner sur leur passé ou de se projeter dans l'avenir. Pour des hommes d'action, s'attarder, c'est compliqué. Derrière chaque paupière, il devine des films qui défilent, des grosses frayeurs, des larmes de joie, des accidents de vie qui leur garantissent des couches de gilet pare-balles supplémentaires. Nico trinque en ce moment, il l'a remarqué. La roue tourne fatalement. Ce sera peut-être au tour de Boris, demain, si solide sur ses deux pattes. Toujours amoureux de sa femme et éternellement de ses enfants. Rester vigilant. Cet « Ours des Carpates », comme ils aiment le vanner, est sans doute le garçon le moins facile à apprivoiser. Un homme des bois, sa famille vient de la Haute-Savoie, un petit village, non loin de Chamonix. Des taiseux, des travailleurs manuels. Un père ébéniste, une mère infirmière. Difficile de faire sans lui, mais pas facile de faire avec lui. Cependant Robin parle le même langage, tout aussi solitaire, introverti. Il préférerait opérer seul s'il n'était pas persuadé que sans ses « frères d'armes », il n'est rien… Rien de rien. À l'heure du choix des hommes, il repense à la dernière mission, à ce que les uns les autres ont encaissé, à la charge émotionnelle qu'ils ont dû digérer. Est-ce trop tôt pour les retasker ? Il n'a pas peur de se poser la question et il s'autorise à changer d'avis jusqu'au « vert action ». Sa prise de décision est pragmatique, entièrement dédiée au collectif. Il ne sera jamais question de « failles », mais plutôt de « fêlures », qui éclairent plus qu'elles ne fragilisent. Et puis il y a Tom, le *Bidou*, le contraire d'un jeune chien fou. « Réfléchi, bluffant, il a l'étoffe d'un chef », Robin en est sûr.

L'écran de l'ordinateur portable de Robin délivre au compte-gouttes des infos transmises par le Dixmude et la préfecture maritime de Brest[1], sur l'évolution de la crise : – *Speed boat – Péninsule de Bakassi – meute non identifiée – est ou ouest de Calabar ?* Sans l'identification du groupe, difficile d'élaborer un scénario, chacun sa zone et son mode de communication. L'immensité de la presqu'île, les forêts à perte de vue, les exploitations illégales de puits de pétrole à ciel ouvert... Le terrain est bien miné. Robin n'en est pas à sa première intervention dans cette zone, il sait qu'une fois à terre, les choses risquent de s'enliser... Les autorités camerounaises devraient « tolérer » leur passage sur leur territoire pourvu qu'ils soient rapides et discrets... Ça tombe bien, ils ne comptent pas s'y attarder. Localiser rapidement, exfiltrer les trois malheureux avant qu'ils soient déplacés, voire échangés avec d'autres groupes. Ce qui multiplierait les intermédiaires et ferait monter les enchères. Sans compter la tension qui a redoublé entre le Nigeria et le Cameroun depuis qu'un afflux de réfugiés de la partie anglophone, accusée de sécessionnisme, se masse dans l'État

1. La zone de responsabilité de CECLANT s'étend jusqu'au golfe de Guinée.

de Cross River… Il ne faudrait pas que leurs otages se retrouvent au milieu de ce sac de nœuds…

Robin se tourne vers Tom :

— Prépare-toi à vivre une mission qui casse la tête !

— Dans le secret, mais pas dans la clandestinité, c'est ça, Capitaine ?

— C'est à peu près ça, tu apprends vite, *Bidou*…

Les hommes de Robin vont être largués dans le périmètre du PHA Dixmude, pour filer fissa dans le delta du Niger. Certains ont profité de ce temps suspendu pour recharger leurs batteries. Robin a conçu point par point l'ensemble de la mission.

Les largueurs font signe, tout le monde se lève. Chacun ferme sa tenue étanche et réajuste son parachute, vérifie le bon amarrage des palmes aux mollets, le coupe-suspentes sur le bras, contrôle l'équipement de son binôme. La pression monte. Le chef largueur indique de sa main cinq minutes. Robin vient se positionner en tête de câble derrière l'imposante palette de l'ECUME. Il entend les « clics » de son équipe qui accroche ses sangles au câble à son imitation. La tranche arrière s'ouvre, une bourrasque d'air frais rentre dans la carlingue. La lampe rouge s'allume. Le chef largueur indique deux minutes. La tension est à son comble, tout le monde est au pic de concentration. La lampe passe au vert, la sirène retentit. En une demi-seconde, l'ECUME est happé par le vide et a déjà disparu. Robin et ses hommes s'élancent à leur tour de la tranche arrière et basculent dans le vide. Après le choc à l'ouverture, ils laissent derrière eux le bruit, le chaos, pour une délicieuse bourrasque d'air frais et un décor féerique. L'immense ciel bleu et le golfe de Guinée ne font plus qu'un. Mais la descente est rapide, la mer approche.

Tom, Boris et Elliot l'infirmier sont les premiers à goûter la température de la mer. Récemment, des poissons de grand fond, type requins cuivre, ont été pêchés par des illégaux, leurs ailerons, découpés, et le reste rejeté dans la mer. Mais ils n'ont pas vraiment le temps de se demander quel genre de poissons vont venir leur chatouiller le bout des pieds. Chacun dégrafe ses sangles et rassemble la toile. L'ECUME est reconditionnée et prête à partir. Tout est en place. D'après leurs calculs, ils devraient voir apparaître sur leur écran radar le plot du bâtiment de la Marine nationale chargé de leur fournir le soutien logistique pour la suite de leur mission. Par chance tout est calme, ils atteindront la côte dans moins d'une heure.

*

*   *

Lancé à pleine vitesse, le *speed boat* tape sur la surface de l'eau à en décrocher les moteurs. Oriane est coincée entre deux rebelles. Elle a froid, elle a le dos en compote. Les silhouettes sans visage ne tiennent pas en place, crient sans être entendues, lui marchent dessus. C'est le chaos tout autour d'elle. Où sont ses collègues ? Sans doute recroquevillés, comme elle, la tête dans les genoux, pour éviter de prendre des coups. Son voisin porte un fusil en bandoulière et sa crosse lui rentre régulièrement dans les flancs. Elle ne dit rien, il n'entendrait rien quoi qu'elle dise. Sans compter cette paume de main brutale qui lui écrase le haut du crâne. Pour qu'elle baisse la tête, pas pour la protéger du vent et des coups qu'elle peut prendre. Ils sont incapables de ça, la sauvagerie de l'attaque les a mis dans le bain direct. Ça défile. Elle pense à nouveau au temps où elle était enfant. A-t-elle eu un jour peur comme ça, ne serait-ce qu'une seule seconde ? Le bateau ralentit, quelques points de lumières apparaissent au loin. Des cahutes en bord de plage. Ils changent de cap. Où vont-ils ? Elle n'en a aucune idée.

*

* *

— Encore une minute et toutes les coordonnées seront rentrées, indique Robin.

Le chef de mission collecte les précieuses informations transmises par le Dixmude qui les suit à la trace, ainsi que le *Polka*. L'identité exacte des traîtres est tombée. Celle de Buchi est confirmée et ses deux complices sont de la même île d'Akwabana. Le cousin Akin est repéré depuis un bail par les autorités camerounaises et nigérianes. Sa radicalité est avérée. Il y a encore six mois, Buchi et lui ne se fréquentaient pas. Akin a pris du galon, on lui a demandé de recruter des éléments performants et de rajeunir l'image du mouvement, il a tout de suite pensé à son cousin, fragile et corvéable. Le MEND doit défendre son leadership dans cette constellation que forment les rebelles. Depuis, d'autres organisations, comme le FNDIC[1],

1. Communautés ijaws fédérées du delta du Niger

durcissent leurs actions. S'ils ne font pas monter les enchères dans les opérations spectaculaires, ils risquent de se faire doubler. Les services de renseignement les suivent tous à la trace et tentent de les monter les uns contre les autres et de les infiltrer. Pas facile... Transféré à Yaoundé, l'interrogatoire du vétérinaire présumé complice, qui a validé l'envoi des caissons, se poursuit. L'homme ne lâche rien, mais à force de le cuisiner ils vont peut-être finir par obtenir un nom, une position... Ronan étudie déjà les fonds marécageux du delta. Les pirates se sont vraisemblablement enfoncés plus loin dans l'épaisse mangrove de l'Akpa Yafe qui marque la frontière entre le Cameroun et le Nigeria. Ils n'ont que quatre jours d'avance sur les commandos. Dans moins d'une heure, il fera jour ; une fois qu'ils auront dépassé Esuokon, ils se planqueront en aval dans les palétuviers, pour une durée indéterminée, loin des villes et des routes. Peu de chance que la planque soit plus au nord, la région est phagocytée par Boko Haram, ils ne se risqueraient pas à marcher sur leurs plates-bandes. Le temps de décortiquer les images satellites et de traiter les renseignements qui affluent du côté de Douala et de Yaoundé, ainsi que du Dixmude et du *Polka*, et ils reprendront le terrain dans quelques jours.

*

* *

— Tenez, du thé ! Il faut boire et manger.
— Et si je ne veux pas ?
— Bois, je t'ai dit, tu n'as pas le choix !

Le ton est menaçant. Et surtout le regard a totalement changé. Oriane a du mal à reconnaître l'homme discret qui a su en son temps la rassurer. Buchi a recouvert son visage d'argile blanc et a adopté le look de ses frères d'armes, veste paramilitaire et baskets. Il a choisi la posture du guerrier des fleuves. Bonnet et foulard rouge, tenue camouflée. Sa poitrine est barrée d'une kalache.

— Pourquoi vous nous faites ça, Buchi ?

Il ne répond pas. Il est passé de l'autre côté du miroir. Il voudrait ne plus rien avoir affaire avec ces gens qui appartiennent à une autre vie. Le chef, que tout le monde appelle « commandant », voit les choses autrement. Il est le mieux placé pour être leur geôlier. Et puis les consignes sont claires, hors de question de les maltraiter pendant leur captivité, ils valent désormais un bon paquet d'argent. L'atmosphère est fébrile, électrique. L'humidité s'accroche aux corps fatigués par cette nuit de folie. La forêt devrait faire retomber la tension. Rares sont ceux qui s'aventurent de ce côté-ci de la mangrove. Le commandant quitte le camp pour rendre compte directement à ses intermédiaires. Les combattants se sont réunis pour nettoyer leurs armes, fumer, boire, en attendant que le big boss leur dicte la marche à suivre. Les langues se délient, ça rit, ça s'autocongratule, comme s'ils prenaient enfin la mesure de leur exploit. Ils ne doutent de rien et connaissent leur capacité à terroriser. Auprès des populations qu'ils croisent, personne n'ose même les regarder. Akin savoure ce statut qu'il a maintenant. Buchi, la nouvelle recrue, a tenu toutes ses promesses et il a été personnellement félicité pour l'avoir embrigadé puis débauché. On va bientôt le surnommer « L'instructeur »... Tous se réjouissent du coup qu'ils ont dû porter au moral de tous les Occidentaux de la région. Ils ont prouvé qu'ils pouvaient s'infiltrer au cœur de la sécurité des bâtiments... Oriane et ses deux collègues osent à peine se parler. Au bout d'un certain temps, Laurent, le plus solide des trois, tente de rassurer ses collègues.

— On va nous sortir de là...

— Ils sont dingues, ces mecs, ils veulent nous tuer... Ils pointent leurs armes tout le temps sur nous... répond Oriane d'une voix blanche.

— T'inquiète, tant qu'on vaut du fric, ils ne toucheront pas à un seul de nos cheveux.

— Et si on ne vaut plus rien ?

— Tu rigoles !

— Moi j'ai entendu dire qu'on laissait de plus en plus les armées locales gérer ce genre d'affaire... intervient Philippe, pas très optimiste.

— Mais nous on est des « produits » haut de gamme ! objecte Laurent.

— Et dire que dans quelques jours je devais regagner Douala pour me fiancer...

— Il va falloir choisir une autre date pour ta petite fest-noz à l'ambassade...

*

*   *

Lorsqu'il s'agit d'otages, aucune prise de risque n'est tolérée, Robin le sait. Tout le problème est de savoir si, en face, les rebelles vont exiger l'échange de prisonniers ou une somme d'argent, ou les deux d'ailleurs. Dès lors qu'ils seront localisés, un assaut de l'armée nigériane peut être envisagé. « Donc à la sauce nigériane », redoute le lieutenant de vaisseau.

— On vient de choper une information très intéressante... annonce Tom.
— Le montant de la rançon ?
— Non, ça, ça ne circule pas encore... mais en revanche, ça bouge du côté du *Polka*.

*
* *

Rien ne pourrait laisser deviner la présence d'Oriane, Laurent et Philippe à quelques centaines de mètres de la lisière qui borde la rivière. Un rideau d'arbres gigantesques masque la dure épreuve des trois Français. Quinze longs jours déjà et aucune information n'a filtré sur les tractations. Ont-elles seulement commencé ? Ils ont bien compris qu'il ne fallait plus rien demander à Buchi, qui désormais se fait appeler « *Black Angel* ». Son regard s'est définitivement endurci, ses traits se sont tendus. Comme ceux de tous les autres combattants qui semblent inquiets. La nuit, le ton monte vite entre les geôliers, le lieutenant Akin a beaucoup de mal à se faire respecter. Ça crie et ça sort pour s'expliquer. Les hommes sont à cran. Le chef n'est pas repassé. « Ça va finir par péter ! » redoute Oriane qui, de son côté, observe le petit jeu entre les hommes qui sont chargés de lui apporter à manger. Elle surprend certains regards qui en disent long... Le soir, son angoisse l'empêche de fermer l'œil. Elle finit par s'endormir au petit matin, soulagée de ne pas avoir été agressée pendant la longue nuit. Ses amis ne dorment pas beaucoup non plus. Plus les jours passent, plus ils se sentent oubliés du reste du monde. Qu'est-ce qu'ils attendent ? Parfois ils ne voient pas leurs geôliers de la journée. Ils devinent leurs activités à travers la fine cloison qui les sépare de la cuisine. Certains jouent aux cartes, d'autres écoutent la radio, d'autres se contentent de fumer. Philippe tente de rassurer la jeune femme. Aux yeux des grands chefs, une seule de leurs vies vaut nettement plus que celles de tous leurs hommes réunis. « Oui, mais ils se mettent tellement de coke dans le nez, qu'un mec normal finit par disjoncter... » C'est ce qu'elle redoute le plus au fond. De son côté, Philippe est inquiet : « On va moisir ici... Je sais que je ne tiendrai pas pendant des mois... »

*

* *

Sur l'autre rive, Robin et ses hommes restent en planque en lisière de la rivière frontalière. Le quai d'Orsay vient d'être informé du montant de la rançon via l'ambassade de Douala dont dépendent les trois expatriés. Elle est fixée sans surprise à trois millions d'euros. Mais ce qui intéresse nos hommes, c'est un élément déterminant fourni par la femme de Philippe Lorion qui a fini par lâcher le morceau. Son mari est malade, il prend un traitement depuis peu pour une insuffisance rénale à un stade avancé. Il a accepté une dernière mission pour finir de payer la maison, mais il a décidé de finir sa carrière au siège juste après.

Tant qu'il n'avait pas eu besoin de transplantation, il n'avait pas jugé nécessaire d'en faire mention à ses employeurs.

« À la moindre dysenterie, le mec est au tapis », songe Robin.

Sans son traitement, les conditions tropicales de la détention vont en effet favoriser les infections et donc créer des complications. Si l'état s'aggrave, pour quelle solution les pirates vont-ils opter ? Faire venir un médecin ? Cela va forcément attirer l'attention, ils risquent d'être localisés. Laisser pourrir la situation ? Aucun intérêt… Paniquer ? C'est probable… Et là, ils s'engouffrent dans la faille.

— L'idéal, bien sûr, c'est de les trouver avant que la santé de Lorion ne se dégrade, explique Robin à ses hommes.

— 4 000 km^2 de forêt à fouiller, on va douiller… remarque Nico. À moins que tu nous sortes un de tes petits engins de derrière les fagots, hein Boris ?

Tous les canaux sont ouverts. Les familles et l'entourage des pirates identifiés sont sur écoute 24 heures sur 24. Une imprudence ou une indiscrétion peut débloquer la situation. D'autant que le groupe s'est réfugié dans la forêt et ne se doute pas que des Forces spéciales françaises sont à ses trousses. Leur arrivée en catimini par la mer leur a permis de s'enterrer et de récolter discrètement des informations auprès de la population. Des bruits ont vite circulé que des combattants d'Akwabana ont remonté la rivière en *speed-boat* à toute allure, dans la nuit du 4 septembre, en direction du Park National de Cross River. Il est question aussi de mise sur écoute du côté de Yaoundé et de l'entourage du vétérinaire du *Polka*. Tout cela est confirmé par plusieurs sources. Voilà trois jours que Boris quadrille la zone avec un de ses drones qui recense le trafic heure par heure sur le tronçon qui les intéresse. Il a repéré des allers-retours fréquents sur un bras mort du fleuve. Pourtant, aucun village de pêcheurs en activité, ni de braconnage signalé dans ce coin. Ce soir, Boris, Robin, Nico et Tom remontent l'Akpa Yafe en FUTURA à l'est de Calabar. Ils ne croisent que des hameaux de pêcheurs désolés, des cimetières de pirogues éventrées. La mangrove est dans un sale état, asphyxiée par des décennies de forage et de rejets de polluants. Boris lève les yeux, le ciel se charge de gros nuages sombres. Il coupe le moteur. Le spectacle qu'ils ont en face est apocalyptique ! Une demi-douzaine de bras se relaient pour alimenter un gigantesque brasier qui s'élève jusqu'à la cime des arbres. Une odeur suffocante de bois brûlé et d'essence envahit toute l'atmosphère. Les commandos stoppent net et se réfugient dans les hautes herbes en contrebas d'une petite crique transformée en décharge. Quelques flammèches égarées viennent s'éteindre tout près de leur embarcation. La lumière se reflète dans de grandes nappes de pétrole aux couleurs métalliques et irisées qui s'étirent sur la surface de l'eau. Cachés sous d'épaisses racines, ils contemplent cette vision de fin du monde avec un brin d'effroi. Des bulles de feu explosent tout près des visages de ces forçats du feu qui ne prennent même plus la peine de reculer. Combien périront dans l'année ? Tandis que ses compagnons envisagent la prochaine séquence, Tom, médusé, peine à détacher son regard de ce spectacle tellurique.

— Une raffinerie clandestine, chuchote Boris.

— Seuls des trompe-la-mort supportent cette servitude !

— Ils n'ont plus rien à perdre… songe Nico.

Plus un mot. Un homme s'approche du bord, plisse les yeux pour distinguer dans la nuit et tend l'oreille. Dissimulés dans leur tenue camouflée des pieds à la tête, les quatre commandos se figent. Pas un centimètre de peau ni de métal ne dépasse. Il tire de grosses lattes sur sa cigarette, hésite à se pencher, puis regagne le chaudron infernal, en jetant négligemment son mégot non loin des grandes cuves remplies de l'or noir destiné au trafic parallèle.

— Que dit le GPS ? interroge Robin.

— On ne devrait plus tarder à croiser le bras mort qui fait un coude. On le suit sur 500 mètres et ensuite on aura plus qu'à planquer le zodiac…

— O.K., on rétropédale et on passe sur l'autre rive. C'est plus broussailleux, plus protégé. Moteurs OFF, on prend les pagaies, accrochez-vous, ça va tirer sur les bras…

Passé le puits de pétrole à ciel ouvert, les quatre silhouettes s'enfoncent à nouveau dans l'obscurité la plus totale. Pas un rayon de lune, et le vacarme des animaux nocturnes pour brouiller encore un peu plus les repères. Boris ne quitte pas des yeux son petit ordinateur de poche, l'embouchure de la rivière est minuscule. Il indique régulièrement la position aux autres. Même avec ses JVN, la densité de la végétation est telle qu'il ne distingue pas la moindre trouée.

— Tom ! On décroche à 100 mètres ! prévient-il.

Tom regarde devant lui, il ne réagit pas. Robin, placé derrière, a compris que quelque chose cloche.

— Tom, tu entends ? Tom ! Braque ! Braque !

Le FUTURA file tout droit, ils vont louper le bras de la rivière. Nico tend la pagaie de secours à Robin qui l'oriente vers l'intérieur... Le tireur enfonce la sienne et les remet *in extremis* dans l'axe.

— Bien joué, Capitaine ! lui lance Nico.

Tom se ressaisit comme s'il sortait d'un mauvais songe.

— Désolé, Capitaine !

— On oublie, j'étais le mieux placé pour redresser la situation...

Très vite, la température chute. Les branches d'arbres se sont recroquevillées sur la rivière, formant un tunnel sombre et confiné. Boris se rapproche de la berge pour observer d'éventuelles traces de passage.

— La vache ! C'est tout bousillé... constate-t-il.

— Tout est arraché, c'est très récent.

— Ça, c'est pas une petite pirogue de pêcheur qui peut faire ce genre de dégâts...

Tout indique qu'ils pénètrent sur un territoire rarement foulé. Après quelques minutes de navigation, Nico repère ce qui pourrait ressembler à une piste « fraîche » qui s'enfonce dans l'épaisse végétation. Un coup d'œil pour s'assurer qu'un crocodile qui aurait élu domicile sur la petite avancée de terre, ne va pas les croquer. Ils décident de fixer le FUTURA aux racines d'un palétuvier et de l'immerger dans le lit de la rivière. Boris prend la tête du groupe. Après avoir parcouru une centaine de mètres, il désigne une grosse pierre en forme de tête de singe. Si le groupe doit se séparer, ils devront s'y retrouver. Robin s'assure que tout est rentré dans l'ordre du côté de Tom. Le pouce levé, le jeune homme le rassure. Ça ne se reproduira pas.

— Vous ne pouvez pas le laisser comme ça ! Il n'a pas pissé depuis deux jours ! Il va crever ! s'exclame Laurent à l'adresse de Buchi.

Le garçon tourne les talons sans même prendre la peine de répondre.

— Enlève cette putain de cagoule ! Si tu crois qu'on ne sait pas qui tu es ! T'es un traître et bientôt un assassin !

Buchi se retourne et braque son arme sur la jeune femme, le regard chargé d'animosité. Oriane répond elle aussi par de l'agressivité, comme si elle avait besoin de tester la limite à ne pas dépasser. Si elle suit le raisonnement de Laurent, elle vaut davantage vivante que morte, elle peut donc tout se permettre.

— Tire ! Tire ! De toute façon, on va tous crever !

Son ami tente de la calmer, il a compris qu'elle est en train de perdre les pédales et qu'elle risque de tous les mettre en danger. Akin ne tient pas ses troupes. Buchi est *borderline*, ça ne lui a pas échappé. Philippe ne réagit plus, il dort la plus grande partie de la journée. La dégradation de son état aurait pu être une chance de libération anticipée, mais cela n'en prend plus le chemin. Plus les jours passent, plus il se rend compte que ses ravisseurs à l'idéologie nébuleuse ne maîtrisent plus la situation. Même si les pirates tentent de donner le change, rien ne bouge. Aucun chef à l'horizon. Il ne voit ni négociation, ni installation durable dans la petite cahute sans eau, sans électricité et sans de quoi faire le siège pendant plusieurs semaines. Les vivres commencent à manquer, tout est rationné. Ils se contentent d'une bouillie de pâtes le matin et le soir. En quinze jours, ils ont eu le droit d'aller se laver une fois à la rivière. Pas assez de monde pour les surveiller. Les conditions de détention sont très rudes. Quelque chose ne tourne pas rond chez les ravisseurs. Laurent se demande s'il doit tenter de s'échapper ? Mais pour aller où ? Et puis laisser Philippe avec Oriane, c'est le condamner. Il passe ses journées à retourner le problème dans tous les sens. En réalité, Akin et son cousin ont bien compris l'urgence. Mais leur chef les fait lanterner. Rien ne se passe comme prévu. Que vont-ils faire de cet otage encombrant ? Le soigner sur place ou l'évacuer ? Personne ne tranche, car aucune solution ne se profile. En attendant, Philippe décline de jour en jour et ne se bat plus. Dans la cuisine, comme toutes les nuits, les hommes se mettent à boire du mauvais whisky et à fumer des Marlboro de contrebande en parlant d'argent. Sans doute de leur valeur marchande. Chaque fois qu'il le peut, Laurent tend l'oreille. Les rares fois où ils mettent la radio, rien ne filtre. Aux flashes infos, il n'est pas question de leur enlèvement. Les a-t-on oubliés ? Il pense alors à Islay, son île écossaise, nichée dans le rugissant maelstrom de Corryvrekan. « Il faudra que j'y retourne, dès que je serai libéré », songe-t-il pour se raccrocher encore à quelque chose.

À l'ambassade de France, comme à Paris, aucune nouvelle directe, même si l'enquête progresse… La famille de Philippe Lorion a décidé de communiquer sur l'enlèvement, de peur qu'il soit oublié. Et ça, c'est une raison de plus pour agir au plus vite. Plus on parle d'eux, plus les enchères s'emballent. Les assurances de la Compagnie, pragmatiques, se disent prêtes à payer. Mais le fil de la négociation se rompt aussi fréquemment et les interlocuteurs changent de version. Impossible de définir clairement qui tire les ficelles, qui veut quoi et pourquoi. En haut lieu, le Cameroun et la France sont sur la même longueur d'onde. Les discussions progressent avec le Nigeria, confronté à des indépendantistes disséminés sur tout le territoire. De leur côté, Akin et son petit groupe reçoivent enfin des directives de leur chef. Le deal vient de changer. Buchi regarde, inquiet, la tête de son cousin se décomposer.

— Pour nous, c'était deux écoles et le toit du dispensaire ! Et là, on va récupérer quoi ? répond-il à son interlocuteur.

L'annonce qu'un otage est malade a fait bouger les lignes. Les chefs y ont vu une opportunité de renégocier la libération d'un des leurs, retenu dans les geôles de Yaoundé. Et ça rend les autorités plus fébriles, autant en profiter. Ils vont scinder le groupe en deux...

— Ils veulent qu'on emmène le mec se faire soigner...
— Quand ?
— Ils n'ont pas su me dire, ils nous préviendront...
— Et les autres ?
— Ils vont les transférer.
— À qui ?
— Pas dit...
— Ils sont à nous. Le moribond, il va nous claquer dans les doigts et on va toucher quoi ?
— On n'a pas le choix. Sans eux, on n'est rien. On crèvera la bouche ouverte ou on finira en torche humaine, comme ton pauvre frère...

Buchi a la rage. Il ne voit pas les choses comme ça. La tension dans le groupe est palpable. Oriane crie de l'autre côté de la cloison, elle n'entend plus Philippe respirer. Laurent la rassure. Bucchi tourne en rond.

— Calme-toi, cousin !
— Il va crever et on aura fait tout ça pour rien !
— Si tu veux qu'on récupère notre part du gâteau, il va falloir que tu acceptes les règles qu'on nous impose. Un jour on aura la main, en attendant on exécute les ordres d'en haut, c'est pigé ?

Buchi récupère son arme posée à côté de la porte d'entrée et sort se calmer : « La tuile, ce mec. Un vieux. J'aurais dû y penser. » Son téléphone reste éteint, il a préféré économiser sa batterie en cas de pépin. Il hésite à l'allumer…

Sur le petit écran de Boris, des formes phosphorescentes apparaissent au nombre de sept. Une seule vient de bouger. Il l'estime à une centaine de mètres derrière le rideau de verdure. La forme ne bouge pas pendant deux longues minutes. Nico reste concentré, prêt à se servir de son arme à la moindre alerte. Il se contente d'écouter, il ne faudrait pas qu'un animal vienne se mêler à tout ça.

— Ça bouge !

Nico a cessé de respirer. Sur son carré de lumière, une forme rouge s'éloigne des autres et s'avance dans leur direction. Au ras du sol et recouverts d'une Guilly Suit[1], les hommes attendent. Boris décide d'envoyer un Black Hornet pour confirmer leur suspicion du lieu de détention. Avec le vacarme des bestioles et à cette distance, aucune chance d'être repérés, et dans cette partie de la forêt, plus aucun singe bavard pour les dénoncer. La forme repart dans l'autre sens. Boris pense déjà à leur retour gagnant. Pour lui, ça ne fait aucun doute, la planque est bien là, dans ce coin de verdure, loin des pistes empruntées par les braconniers et les nouveaux planteurs d'ananas. Un petit signe O.K. de la main, ils rampent en arrière sur une dizaine de mètres avant de tourner

1. Filet et tenue de camouflage qui ressemblent à des tapis d'herbe ou de plantes vertes

les talons. Ils ont fait du bon boulot. Tom et Robin les ont devancés et ont rappelé les FUTURA en surface. Le temps presse, ils doivent regagner la base avancée avant les premières lueurs du jour.

Oriane n'a pas fermé l'œil de la nuit, tout comme Laurent qui s'est rapproché du malade. Son teint pâle et sa fièvre l'inquiète. « On va pas pouvoir continuer... » constate-t-il en touchant la peau moite et froide de Philippe. Ils ont le sentiment d'être déjà rayés de la surface de la terre.

Voilà trois semaines que le vétérinaire du *Polka* a été relâché faute de preuve et intentionnellement à vrai dire... Les écoutes sur sa ligne ont fini par payer. Cette nuit, Buchi a craqué. « Vétérinaire, c'est pas médecin, lui a dit son ami, mais ton mec, si ça continue, il va crever et on va tous tomber. Je connais un médecin à Ikot, il faut que tu l'emmènes, c'est pas si loin par la rivière », lui a-t-il confié.

Deux mots ont suffi pour qu'exceptionnellement et officieusement, les Commandos Marine obtiennent la permission d'une incursion de quelques heures sur le territoire nigérian. « Exportation stratégique », ont conclu les autorités. Il n'y a plus de temps à perdre s'ils veulent sauver l'otage malade et exfiltrer les deux autres ingénieurs. En ECUME, ils comptent une heure de navigation pour remonter l'Akpa Yafe. Ronan rentre la navigation fluviale étudiée par Boris dans le SIMRAD, son ordinateur de bord, tandis que Nico et Tom passent en revue toutes les caractéristiques du terrain jusqu'au point d'insertion lors de l'infiltration à terre. Robin constitue une équipe robuste pour la libération avec les CTLO que compte son groupe : Carlos et Luka de

Jaubert, Kim et Ari qui, à Hubert, appartiennent au fameux groupe B, Nico et Boris partiront en avance pour un dernier repérage. Robin se donne un jour pour préparer l'assaut.

*

* *

— Tu crois qu'il est toujours vivant ?

Oriane se réveille en sursaut. Épuisée, elle s'est laissée surprendre par le manque de sommeil, depuis presque un mois qu'elle endure ce mauvais traitement. Les rais de lumière qui pénètrent dans la pièce au travers des persiennes indiquent que le soleil s'est levé depuis un certain temps. Il ne doit pas être loin de midi.

— Qu'est-ce que vous lui voulez ?

Les deux hommes ne répondent pas.

— Laurent ? Laurent ? Philippe est mort ! crie la jeune femme qui ne voit plus la poitrine de son ami se soulever.

Laurent se penche. Approche sa joue près de sa bouche pour sentir son souffle... Deux hommes débarquent en trombe.

— Son pouls est faible, mais il respire encore...
— Quand est-ce que vous allez appeler un médecin, bande de connards ! craque Oriane.

L'un des deux prend son arme et lui enfonce le canon dans la pommette.

— Tire, mais tire !

Buchi entre lui aussi dans la pièce et arrache l'arme des mains en traitant son collègue de tous les noms. Ils se regardent en chiens de faïence. Puis il se rapproche de Philippe et le désigne sans même le regarder.

— Celui-là va dégager !
— Et nous ?
— Vous, vous restez ici... On va venir vous chercher.
— Qui ?
— Vous verrez...
— Qu'est-ce que vous allez faire de lui ? demande calmement Laurent, qui discerne un certain flottement dans le regard de Buchi.
— On va l'échanger contre des clopes... Il vaut rien ! lance le garde énervé.
— Ta gueule ! Ferme ta putain de gueule !

Buchi fait sortir les deux hommes. S'ensuit une engueulade de plusieurs minutes et des bruits sourds de coups de poing. La voix d'Akin vient couvrir celle des autres, encore quelques bousculades, puis le silence. Très vite, une forte odeur de cannabis se fait sentir jusque dans la chambre d'à côté. Laurent colle son oreille à la cloison.

— Depuis deux jours, ils se défoncent. Akin a dû rapporter un bon savon de shit et des plaquettes de Tramadol...

— Il est tard. Toujours rien à manger, on va tous crever, ajoute Oriane, totalement découragée.

*

* *

À cinq heures, il fait déjà nuit sous la canopée. La maison est encerclée. Tous les gars sont prêts et, surtout, aucun garde ne les a repérés. Ils ont pu avancer mètre par mètre tout autour de la cahute au toit ondulé.

— OK, les gars. Deux pièces avec chacune une issue vers l'extérieur. Quatre fenêtres. Une terrasse de plain-pied. La pièce avant « rouge » est celle des ravisseurs, la pièce arrière « bleue » est celle où sont retenus les otages. Pas de poule, pas de chien. Pas de difficulté apparente, si ce n'est que les cinq hommes se précipiteront pour flinguer les otages, s'ils sentent le moindre danger.

— Vous voyez les choses comment, Capitaine ? demande Nico.

— On fait un assaut de la cahute en boule de billard sur les deux pièces, avant puis arrière. L'équipe Alpha, Carlos, Luka, Ari, Kim, est l'équipe de tête et entre par la pièce « rouge » qui regroupe le plus grand nombre d'hostiles. L'équipe Bravo, ma pomme, Tom et Elliot, on suit dans la foulée et on prend en compte « rouge » pour qu'Alpha traite la pièce « bleue » et sécurise les otages. Ça doit prendre quelques secondes. L'équipe Charlie, les tireurs, Nico et Boris, vous appuyez l'assaut et faites la couverture, et restez en mesure de traiter ceux qui tenteraient d'atteindre la zone des otages et tout ce qui se balade à l'extérieur. Elliot, on a besoin de toi pour prendre en charge l'otage malade, on sait pas dans quel état on va le trouver. Tu rentres dans la pièce dès qu'on a sécurisé. Carlos, Kim, un œil sur lui. Je sais, c'est chaud.

— Le vert assaut ?

— À mon signal visuel, une grenade assourdissante dans la cuisine, histoire de bien les secouer. Ari, c'est toi qui la lances et on rentre dans la foulée.

— Reçu, Capitaine.

— Devant, on compte aussi sur Kim, Carlos et Luka. Que du lourd. Quatre contre cinq ; si on garde l'effet de surprise ça devrait le faire.

— Le hic, c'est la porte communicante.

— Elle sautera en même temps que la grenade, assure Merlin, l'alchimiste.

— Boris, je te veux en latéral sur la fenêtre. Tu as le viseur sur cette putain de porte.

— Reste à espérer que les otages vont se protéger des balles… La cloison est épaisse comme une feuille de cigarette à rouler, renseigne-t-il.

— C'est vrai, donc discipline de feu extrême, les gars…

— On voit tout et on entend tout, précise Robin après avoir visionné le film pris par la lunette thermique de Nico, la veille. Ses collègues sont bluffés.

— D'après ce que j'ai vu, les lits sont disposés au fond… Trois mètres de recul tout au plus…

— Ah oui, en parlant de feuilles à rouler, les mecs sont défoncés. Akin a fait le plein…

— C'est à double tranchant. Orgie de Tramadol ou de marijuana, c'est pas tout à fait la même mayonnaise, hein Elliot ? questionne Nico.

— Ah ça… les effets ne sont pas pareils, confirme l'infirmier.

— On va vite être fixés ! conclut Robin dans les starting-blocks.

*

* *

Oriane s'est rapprochée de Philippe. D'instinct, elle sent qu'il jette ses ultimes forces dans la bataille de la nuit, sans doute la dernière pour lui. Et peut-être pour eux aussi. Laurent a perdu ses réflexes de survie depuis quelques jours. Compter les hommes, écouter ce qu'ils disent, scruter une phrase qui pourrait parler d'eux, regarder à travers les interstices de la cloison leurs habitudes, les armes qu'ils portent sur eux et celles qu'ils laissent systématiquement à un endroit. Demain, ils entameront leur quatrième semaine, si Dieu le veut. Mais à quoi bon ? Les négociations ont dû capoter. Pas un signe qui pourrait laisser penser le contraire…

— C'est quoi, ce bruit ?
— Quel bruit ? demande Oriane

Laurent perçoit un frôlement de vêtement, puis deux, puis trois.

— Ils viennent nous chercher pour nous exécuter les bâtards !

Il regarde par la fenêtre et voit un de leurs gardiens disparaître de l'embrasure, comme happé vers le sol. Bizarre. L'ingénieur pense tout de suite à cette journée de formation qu'on leur a imposée après les attentats du Bataclan, dans les tours de la Défense. Il était question de confinement. De caches. De ne surtout pas bouger et d'attendre qu'on vienne les chercher. « Le placard on oublie, c'est un coup à se prendre une balle », songe-t-il. Il tend une main à Oriane. Elle le regarde, elle ne comprend pas. Il met son doigt sur sa bouche. Il l'attire sous le lit, cherche à les protéger avec des matelas. Et Philippe ?

— On ne peut pas l'abandonner… songe-t-il.

Laurent hésite, le prend dans ses bras, il a peur de lui briser les os. À son poids, il réalise qu'il est au bout du rouleau. Près du mur, il sera mieux. Maintenant il est calé, il ne faut plus bouger. Une explosion très forte emporte une partie de la fine cloison. Ils se bouchent les oreilles, ça va recommencer. C'est Ari qui vient de déclencher l'assaut. Les CTLO lui emboîtent le pas. Un coup d'œil dans la pièce « rouge » : les otages n'y sont pas. Ils foncent immédiatement dans la suivante. L'équipe de Robin les talonne et prend la première pièce en compte. Elliot reste à proximité immédiate.

La porte en bois qui sépare les deux pièces vole en éclats. La pièce « bleue » semble vide. Des coups de feu dans tous les sens s'échangent à travers la cloison. Buchi surgit, il a juste le temps d'arroser d'une salve les commandos. Il s'écroule au milieu de la pièce, atteint par une balle tirée par Tom, en embuscade derrière ses amis. Nico et Boris se chargent de casser les genoux des deux gardes qui allaient en faire de même. Où est Akin ? Tir collatéral d'un de ses complices.

— Clair ! s'exclament Ari et Kim simultanément.

Tandis que les tireurs sécurisent le périmètre pour éviter les mauvaises surprises et que les deux gardes sont immobilisés, Elliot se penche sur Philippe. L'ingénieur ne bouge plus. Laurent a compris que c'était fini. Aucun stigmate sur le corps de son ami. Oriane et Laurent attendent sans bouger le feu vert pour sortir.

Au moins, ils ne l'ont pas abîmé.

EN GUYANE JUSQU'AU COU

— On dirait un champ de brocolis ! s'exclame Tom face à l'interminable étendue de forêt amazonienne qui s'étale à perte de vue.

— Tiens ! Mate avec les jumelles comme c'est beau ! s'impatiente Carlos, redevenu l'enfant de Manaus le temps d'un survol.

Des nuages chargés de particules d'océan s'accrochent aux quelques arbres qui s'élèvent à quatre-vingts mètres de hauteur, malmenés par les vents contraires. L'hélicoptère vient chatouiller la cime de ces géants verts et laisse derrière lui, telle une longue traîne, un tapis mousseux portant d'année en année les stigmates de la folie humaine. La terre suffoque, la multiplication des sites d'orpaillage clandestins est en train de l'étouffer. Seule une armée conduite par Sisyphe se bat pour limiter les dégâts.

— Tu vois ça, c'est ma sève ! s'exclame Carlos. Je n'étais pas venu depuis longtemps… trop longtemps ! Je peux te dire qu'en dix ans la nature a bien souffert…

Depuis qu'il a rejoint les commandos, Carlos n'a plus le temps de rendre visite à sa famille paternelle. Sa deuxième patrie, le Brésil. Un pays dans lequel il a passé une grande partie de son enfance, sans se sentir pour autant déraciné d'un côté comme de l'autre. Au moment de remonter l'Oyapock et de longer la frontière entre les deux pays, il repense à sa mère en métropole, qu'il ne voit pas non plus souvent, et à son père qu'il ne voit jamais, resté vivre à Manaus. Depuis tout ce temps, seules ses pensées naviguent entre ici et là-bas. Il se dit qu'il ne les voit pas vieillir et qu'il ne leur a pas encore donné de petits-enfants. Caroline, sa mère, et Vinicius, son « *padre* » comme il l'a toujours appelé, se sont rencontrés lorsqu'elle était venue visiter Rio. Lui, beaucoup plus jeune qu'elle et dernier d'une grande fratrie, faisait le guide pour payer ses études. Elle s'était accordé une dernière escapade sac au dos avant de chercher à fonder une famille. Ils se sont aimés quelques nuits et Carlos est né six mois après son retour à Saint-Malo. Conscients du décalage, aucun n'a cherché à s'imposer dans la vie de l'autre… Elle a fini par épouser un autre homme sans jamais renier son passé. La famille brésilienne s'est accommodée de cette intermittence, accueillant avec curiosité le petit garçon, « Caboco » comme ils l'ont tout de suite baptisé, venu du pays de la tour Eiffel. Chaque été, Juàn, le grand-père, le prenait sous son aile et l'emmenait découvrir la terre de ses ancêtres au cœur de l'Amazonie. Amoureux des grands espaces et des causes à défendre, Carlos a choisi la Marine puis les Commandos pour vivre des aventures à haute intensité. Ses prédispositions pour le « tout est possible » ont plu à Robin, qui compte sur ce pilier dans presque tous ses dispositifs. Une nuée d'oiseaux suit l'ombre de l'hélicoptère avec l'idée de le dépasser. Ils tirent sur leurs ailes, pointent leurs becs en direction de la mer, à moins qu'ils ne piquent une tête dans le fleuve Oyapock qui serpente en contrebas, à la recherche de quelques poissons d'eau douce. L'appel du ventre n'attend pas. Carlos se souvient du temps où il remontait le Rio Negro à la Fitzcarraldo, de ses parties de pêche avec son grand-père, où il ressentait déjà l'urgence de défendre cette contrée, persuadé que l'agonie de l'Amazonie annoncerait la fin prochaine de l'humanité.

À peine posés sur la base navale de Dégrad des Cannes, le préfet de Guyane les attend. Ils doivent rejoindre le Patrouilleur Antilles Guyane (PAG) *La Résolue,* un bâtiment de surveillance hauturière, qui navigue le long des côtes, notamment aux alentours de la base de Kourou. De son côté, il va embarquer dans une des vedettes côtières pour faire son tour hebdomadaire en compagnie des gendarmes maritimes et de la presse locale. Un reportage sur la lutte contre la pêche illicite est prévu. Par ailleurs, il compte aussi sur le petit groupe de commandos pour frapper un grand coup dans un réseau qu'il soupçonne enkysté au large de Cayenne.

— On a eu vent d'une attaque de pirates d'une violence hors norme dans les eaux surinamaises. Quinze marins disparus et quatre rescapés. Une boucherie, avec pour certains de sérieuses plaies à la tête et des doigts en moins… Il s'agit vraisemblablement d'un règlement de compte entre deux bandes rivales. Ce ne serait pas notre problème si…

— … ces mecs-là ne débordaient pas sur d'autres territoires, et en particulier chez nous.

— Vous avez tout compris, Capitaine, et pour ne rien vous cacher, c'est déjà le cas… Les mecs ont été aperçus au large des îles Connétables.

— Zone protégée !

— Exact. Protégée donc très attractive pour les pilleurs. Avec des espèces qui reprennent du poil de la bête, comme le mérou géant…

— Ça veut dire aussi que des associations de préservation de ces espèces sont susceptibles de s'interposer…

— Il y a déjà des collectifs qui se montent à droite à gauche sur le littoral. La colère gronde, l'impact est important, sur le plan halieutique, écologique et touristique… Et là, c'est pas bon. D'un côté, des énervés, et de l'autre, des mecs à cran, qui n'ont rien à se mettre sous la dent… Ça peut s'envenimer rapidement…

— Si on veut frapper fort, il va falloir qu'on observe la zone pendant plusieurs jours pour repérer tous les mouvements… Où on veut et comme on veut…

— Vous avez carte blanche, Capitaine ! S'ils veulent tester notre réactivité, ils ne vont pas être déçus… Je compte sur vous pour stopper au moins ce réseau dont la violence va crescendo… Je ne vous cache pas que la colère monte du côté des pêcheurs du coin, qui vont finir par se faire justice eux-mêmes…

Robin a compris qu'il s'agissait non seulement d'un bras de fer économique et répressif avec les illégaux, mais aussi d'un message fort à faire passer auprès de la population locale qui ne tient plus. Depuis quelques mois, certains pêcheurs étrangers ont pris l'habitude de venir se servir dans les eaux françaises, tendent leurs filets hors normes de plusieurs kilomètres et pillent allègrement les fonds. Comme pour les trafiquants d'or dans les terres, les petites mains font le sale boulot des gros trafiquants pour une poignée de réaux ou de dollars. Mais ces petites mains n'ont pas intérêt à revenir avec leurs filets vides, alors ils n'hésitent pas à dézinguer tous ceux qui peuvent s'interposer. L'objectif de Robin est non seulement de les arrêter, mais de « casser » leur outil de travail. Une « tapouille » coûte 400 000 euros et son filet de dix kilomètres, 10 000 de plus, et taper au portefeuille des armateurs est un bon moyen de dissuasion. Pour cela, il a sa petite idée. Poser un dispositif de reconnaissance très discret pour ne pas se faire repérer des vigies disposées sur la côte et souvent payées par des réseaux illégaux. À 4 heures du matin, *La Résolue* quitte la baie de l'Oyapock pour effectuer sa patrouille en compagnie de Robin et de toute l'équipe. Une ETRACO s'en échappe et file tout droit sur l'île inhabitée du Grand Connétable, refuge des mouettes, des frégates et autres sternes royales.

— Il y a un petit embarcadère de l'autre côté. On va contourner par la droite, les courants sont traîtres par ici... indique Ronan à son pilote.

Geoffroy parvient à stabiliser l'embarcation, pour que les trois commandos regagnent la terre ferme sans trop avoir à se mouiller. Le pilote et son chef de raid repartent illico. En quelques secondes Elliot, Boris et Eddy comprennent dans quel enfer ils ont débarqué. Un capharnaüm de cris et des sales odeurs de fientes. Cap sur le sommet de l'île !

De gros blocs se dressent devant eux, formant une sorte d'escalier qui mène en haut de la falaise. La roche magmatique qui la recouvre lui donne l'aspect inhospitalier d'un gros caillou aride, sans réelle faune, exposée aux vents forts et au soleil ardent. « On va bien s'emmerder », redoute Eddy. La seule réelle difficulté, pensent-ils, est de se trouver une planque idéale et ombragée et ne plus en bouger. Aucun bateau à l'horizon, aucune menace imminente, les trois hommes, éclairés par une belle lune pleine, attaquent la montée dans une ambiance plutôt bon enfant. Quand une avalanche de coups s'abat sur Eddy. Une bande de sternes aux ailes déployées pique tout droit sur eux. Le tireur, étourdi, se plaque contre la falaise, tandis que son binôme Elliot, totalement déséquilibré, l'entraîne dans sa chute. Il manque de tomber à la baille. Les deux hommes, cueillis à froid, se relèvent à peine qu'une deuxième vague d'oiseaux s'abat sur eux. Ils ont juste le temps de rouler dans une petite cavité creusée par l'eau et le sel.

— Oh, la vache ! s'écrie Eddy, couteau dégainé, prêt à découper le prochain volatile qui s'approche un peu trop près de lui. Il a bien failli me crever un œil, ce salaud !

— Ça va, les gars ? demande Boris, qui assiste impuissant à la scène.

— Ça va, on a juste quelques égratignures ! répond Eddy.

— Putains de sales bestioles ! peste Elliot, lui aussi sonné.

— Bienvenue au royaume des oiseaux, les gars ! Il va falloir garder notre sang-froid… Robin m'a bien briefé... Si on touche à une seule plume de ces saloperies, c'est l'incident diplomatique et adieu la planque à tout jamais !

— Rien à foutre, si je me prends une fiente sur la gueule, je leur arrache les plumes une par une et je m'en fais des brochettes... prévient le tireur. Faut pas confondre rustique et dégueulasse, bordel de merde !

Tout était prévu, sauf ce comité d'accueil musclé ! Résultat, les derniers mètres se parcourent plaqués contre la falaise, comme s'ils prenaient d'assaut un château ducal au temps des chevaliers... Après une ultime offensive de ces monstres ailés, les marins atteignent sans trépanation ni trop d'égratignures le petit carbet qui va leur servir de point d'observation dans les prochains jours. Sauf Elliot qui s'est ouvert la main sur la roche recouverte de guano.

— Tu sais mieux que moi ce qu'il te reste à faire, sorcier ! Avec toutes les déjections d'oiseaux et les débris de poisson, c'est un vrai nid à merde, tu risques d'attraper la mort ! le prévient son ami.

— Merde !

— C'est le cas de le dire... ricane Eddy.

Dans une poignée de minutes, ils se seront installés dans une petite cabane qui sert d'observatoire aux ornithologues lors de leurs travaux sur la colonie d'oiseaux marins. À tâtons, ils installent leur campement sommaire en attendant que le jour se lève. Le temps s'étire, les journées sont rythmées par les quarts qui s'enchaînent. Ils vont pouvoir renseigner le reste de l'équipe sur tous les mouvements qui viennent d'Iracoubo jusqu'à la baie de l'Oyapock.

— Tu vois le bateau avec un « a » en moins à *Buena vista ?*

— Oui, il fait des ronds dans l'eau depuis deux heures et il a pas la gueule à faire partie du Groupe d'étude et de protection !

— Ni immatriculation, ni pavillon... et vu la taille des filets qu'ils posent, on peut pas trop se tromper sur leurs intentions !

De leur poste d'observation, ils ne quittent pas des yeux une tapouille à quelques centaines de mètres. La cible de ces pêcheurs illégaux est principalement les acoupas rouges, en voie de disparition dans les eaux surinamaises et brésiliennes. Leurs vessies natatoires sont un organe vendu plusieurs centaines de dollars le kilo sur les marchés asiatiques ! Les pêcheurs ne se doutent pas qu'ils sont repérés. Ils viennent de poser leurs filets, dans vingt-quatre heures au maximum ils reviendront les remonter...

— On prévient les copains. On va les choper à leur retour...

Sur l'île, la cohabitation avec les oiseaux ne s'arrange pas. Ils n'ont pas fermé l'œil depuis quarante-huit heures. Le concert de cris stridents au-dessus de leurs têtes et les bestioles qui leur passent entre les jambes est en train de les faire tourner chèvre. Eddy bloque sur cette ménagerie envahissante, ce qui amuse Boris, plus zen dans ce genre de situation.

— Pour un ESNO, ça doit être super agaçant d'être visé par une bande d'iguanes, non ?
— J'avoue... Elles me sortent par les trous de nez, ces bestioles vertes... Ça se bouffe, tu crois ?
— Tant qu'il nous reste des rations, je ne m'y risquerai pas... ajoute l'infirmier.
— Ça me dégoûte, conclut Boris.

Derrière les deux balises jaunes, la pêche est à nouveau légale pour les Français, les Brésiliens et les Vénézuéliens qui ont obtenu le blanc-seing. Eddy ne lâche pas des yeux cette vaste étendue. Ils devraient être rejoints par le reste du groupe dès la nuit tombée. Un hélicoptère est censé venir en appui faire de la vidéo pour le volet judiciaire, avec Nico à son bord, mais impossible de neutraliser les moteurs comme sur un go-fast : ils sont dissimulés en fond de cale... Robin, Ronan, Carlos, Luka et Tom vont devoir prendre d'assaut la tapouille depuis l'ETRACO. *La Résolue* munie de capteurs optroniques va les renseigner sur tous les mouvements aux abords de l'île, et éventuellement depuis la côte guyanaise.

— On a deux embarcations qui convergent vers le point de mouillage des filets, renseigne Robin par radio à partir de son écran radar. Elles devraient vous dépasser dans H-10 minutes. Boris, je voudrais que tu envoies le drone *PUMA* en survol sur la zone pour confirmation.
— O.K., stand-by, confirme Boris
— J'ai sur l'écran un petit point jaune à deux heures. Tu l'as en visuel, Eddy ? demande Robin.
— Affirmatif, Capitaine ! Mais je ne vois pas grand-chose de plus à cette distance...

— On est vos yeux, les gars…

Eddy décide d'aller observer les deux bateaux depuis le point le plus haut de l'île… Un grand plateau circulaire, avec en son centre un pic qui culmine à cinquante mètres au-dessus de la mer. Une petite varappe que le nageur accomplit facilement. Les bateaux ne semblent effectivement pas prendre la même trajectoire. Leur présence au même moment dans la zone ne peut pas être un hasard. À cette heure, impossible que ce soit une équipe d'ornithologues qui débarque… Et puis, ils auraient été prévenus de leur arrivée. Un renfort ? Ils navigueraient dans leur trace, aucune raison de s'éloigner, en cas d'attaque ils sont trop loin… Les oiseaux se sont dispersés, la houle redouble de puissance. Le tireur fouille l'horizon, l'ETRACO ne doit plus être très loin maintenant. Ronan, Robin, Tom et Carlos vont sans doute s'aider des courants sud-ouest et prendre la tapouille par surprise en l'abordant par sa poupe. À cette distance, les trois hommes confirment la provenance de l'embarcation. Au même moment, Boris confirme avec l'image du drone *PUMA* la présence d'un bateau de plaisance battant pavillon français.

— O.K. les gars, c'est la merde ! On a affaire à des locaux qui viennent en découdre avec les illégaux…

— Si on n'intervient pas rapidement, ça va finir en sucette !

Quatre hommes sont à bord de la *Marguerite*, et avancent à la vitesse de vingt nœuds sur la tapouille. Ils sont partis de Awala-Yalimapo, une des rares plages aménagées de la côte guyanaise, à la frontière du Suriname. Olivier, le plus âgé d'entre eux, un pêcheur amateur d'une cinquantaine d'années, a préparé cette opération coup de poing depuis des semaines. Son objectif : empêcher le désastre causé par les filets de la pêche illégale qui déciment les colonies de tortues. Son commerce, comme pour tous ceux du coin, dépend de cette migration qu'elles opèrent en mai au moment de la ponte. Plus de tortues sur les plages, plus de touristes. Il a déjà enregistré une baisse d'un quart de fréquentation. Si la situation empire, il va devoir fermer son restaurant. Une vie qui bascule à cause de ces « cafards des mers », comme il les appelle. À force de repérer les allers et retours de cette bande de Surinamais basée du côté de Paramido, il a imaginé une expédition punitive avec son fils et deux de ses amis. Ils sont armés, eux aussi n'ont plus rien à perdre. Ils sont chauffés à blanc.

— De Robin à tous : la priorité est d'éviter un affrontement entre les deux camps ! Les tireurs arrivent sur zone dans dix minutes...

Robin est rivé à l'écran.

Ronan le consulte pour repérer les dernières positions sans oublier de transmettre les hauts-fonds à son pilote...

— Les Français sont en approche de l'île par le nord !

Geoffroy ralentit.

— Qu'est-ce que tu vois ? demande Robin à Eddy.

— Je vois un feu sur la tapouille, les mecs font griller du poisson. Ça veut dire qu'il y a des bombonnes de gaz et qu'il y a un risque d'explosion si on leur tire dessus...

— Où sont-elles situées ?

— À côté de l'abri, à tribord.

— Ça veut dire que si la *Marguerite* tire sur la tapouille, ça peut tout faire péter !

— Dangereux aussi pour notre hélico...

— Affirmatif, Capitaine.

— Combien d'hommes sur le *Buena Vista* ?

— 1, 2, 3, 4... et 5 ! J'en compte cinq.

— O.K. Stand-by... Faut stopper la *Marguerite* si son intention est de tirer.

Boris, Eddy et Elliot ont quitté le carbet. Plus besoin de rester discrets. Ils n'ont ni le temps ni les moyens de se rapprocher de la tapouille. Le meilleur poste d'observation est situé au milieu de la colonie des sternes royales de Cayenne, sur un petit promontoire au sud de l'île. Ça tombe bien, ils ne sont pas très loin. De la pointe, ils ont une vue plongeante sur les illégaux. Mais le ciel ne compte pas beaucoup d'étoiles et le vent souffle par rafales... Eddy n'est pas très à l'aise au milieu des oiseaux, il doit faire abstraction de cette agitation autour de lui. Elliot et Boris ont pris les choses en main en créant une sorte de bouclier humain, s'il est amené à tirer. Les pêcheurs illégaux ne les ont pas encore repérés, le bruit de l'hélicoptère ne va pas tarder à parvenir jusqu'à eux. Le plus difficile est d'estimer qui va arriver en premier. Le Puma, avec à son bord Nico et les autres ? L'ETRACO s'approche avec Ronan, Robin, Carlos et Tom.

— Vous les voyez sur l'écran, Capitaine ? demande le chef d'équipe.

— Affirmatif, attention au danger isolé à 600 mètres, cap 1.8.2, 10° à droite !

— Cap et vitesse bien reçus ! confirme Geoffroy.

— De Robin à Nico : on passe au nord de l'île !

— Bien pris, Capitaine !

— La *Marguerite* ne répond pas, Capitaine ! renseigne Tom.

— Il faut à tout prix la stopper !

L'ETRACO file. Le hors-bord s'expose à une grosse riposte des illégaux. Sans compter l'accident possible. Ils ignorent si la *Marguerite* dispose d'un pilote expérimenté, s'il ne va pas s'exploser sur la tapouille ou venir s'échouer sur les Connétables. Comment l'arrêter ? Moins d'un nautique sépare les deux embarcations. Eddy les suit dans sa lunette et renseigne Nico, en approche dans l'hélico. Les Surinamais ont repéré la *Marguerite* et entendent l'hélicoptère approcher. Ils se mettent à tirer sur elle, d'abord timidement puis plus intensément. Il faut leur signifier qu'ils ne sont pas seuls. Eddy n'a pas de visibilité. Le Puma lance des appels à la *Marguerite* pour qu'ils coupent les moteurs, en vain. Il se place sur son bâbord, puis se positionne à tribord. Nico cherche le bon angle. Pas question de tirer à côté.

— Nico, tu l'as ? Tu l'as ? insiste Robin.

— Presque !

Il attend la rafale de vent. Retient son souffle. Répit. Un coup, un mouvement de culasse rapide, un deuxième coup, le tout n'a pas duré trois secondes.

— Moteurs HS ! Je confirme : moteur HS ! annonce Nico d'une voix neutre.

Ronan est maintenant à cent mètres de la tapouille, difficile de localiser les pêcheurs, ils ont coupé tous les feux. Ils ont dû se cacher au fond de la cale du bateau.

— T'en as combien dans le viseur, Carlos ? demande Robin.

— Zéro.

— O.K., ils se sont tous couchés...

— Attends... attends...

L'ETRACO vient coller la tapouille à son bâbord. Carlos, Tom et Robin, armes braquées, se tiennent prêts à sauter sur le pont. Au loin, ils entendent l'hélico tourner. Il a fini par stopper la *Marguerite*. Nico reste en appui, Ari, Luka et Kim descendent en corde lisse malgré la houle qui se lève. Les embarcations sont collées, Carlos ouvre la voie, suivi de Tom et de Robin. Eddy, les suit dans la lunette de sa 12.7 depuis le rocher. Personne sur le petit pont arrière. Les deux hommes longent l'abri du cockpit.

— Derrière l'abri... indique Tom à Carlos.

Carlos fait un mouvement d'épaule et braque.

C'est clair.

Robin est passé à tribord. Carlos et Tom sont à la même hauteur, de l'autre côté de la cabine. Le bateau tangue pas mal. L'hélicoptère se rapproche... Les deux hommes se retournent, aperçoivent un homme qui se précipite vers Robin avec un sabre. Carlos tire et le touche à l'épaule. L'homme s'écroule. Une silhouette blafarde surgit de dessous une bâche, les mains en l'air.

— Putain de sa race !

Carlos et Tom se jettent à l'avant en hurlant sur les trois autres pêcheurs, à moitié dissimulés sous les filets. Ils ne bougent plus. Se laissent menotter, les mains sur la tête et à genoux. Cette nuit, un homme a joué et a perdu. Il venait de Benzdorp au Suriname. Il aurait pu choisir l'orpaillage, il a choisi la pêche illégale. Demain leur bateau sera saisi et réduit en miettes, comme une vulgaire coque de noix.

— Je suis sûr que tu te demandes à quoi bon... Ils recommenceront dès qu'ils seront relâchés ! glisse Carlos à Tom.

— On peut rien te cacher...

— C'est une guerre d'usure. À nous de la remporter ! lance le Franco-Brésilien.

La Résolue les a rejoints et prend le relais des arrestations, du déroutage de la tapouille et du hors-bord. Tom observe ses amis, prêts à enchaîner, malgré la fatigue et ce cocktail de stress et d'adrénaline qui leur sert de carburant. À qui veut-il ressembler ? À Nico, le tireur d'élite d'exception, qui trace sa route sans se retourner ? À Boris, le grand écorché vif, amoureux de sa vallée du Mont-Blanc ? À Ari, habité par la mer ? À Elliot, le sorcier ? Il se demande aussi qui vieillira à ses côtés ? Il n'oublie pas Merlin, l'achimiste, et à sa petite amie qui l'attend, mais pour combien de temps ? Peut-être que Robin, lui aussi, attend quelque chose, ou quelqu'un...

Sa rêverie est de courte durée.

— Les gars, on a un petit changement de programme... annonce le lieutenant de vaisseau.

— Où est-ce que je vous emmène ? demande Ronan pour rentrer les données sur son système de guidage SIMRAD.

— On oublie *La Résolue,* direction la base navale de Dégrad des Cannes. Demande expresse du préfet, ça chauffe dans la verte.

— Me dites pas qu'on est retaskés ?

— Ça y ressemble...

— Après le vacarme et les fientes d'oiseaux, ce sera une nuit dans un hamac sous la canopée, avec une petite pluie de mygales sur la moustiquaire ! Nos trois amis vont adorer ! s'amusent Geoffroy et Ronan, en route pour l'île des Connétables.

— Enfin une bonne nouvelle ! J'avais peur de repartir du pays sans ma dose de forêt amazonienne. Promis, après je vous laisse tranquilles ! se réjouit Carlos.

— Un petit stage en jungle, ça peut pas nous faire de mal !

— Ça va secouer, *Bidou.*

— On a affaire à des mecs qui crèvent littéralement la dalle au Brésil. On leur dit qu'en venant en Guyane, ils vont se faire des couilles en or. Et puis ils constatent sur place que le coût de la vie ne leur permet pas de mettre un kopeck de côté. Ils dépensent chaque jour ce qu'ils gagnent, juste pour survivre. Et là ils se rendent compte que ça va pas le faire. Comme nos pêcheurs sur la côte, les Garimpeiros ne se contentent plus de creuser comme des cons. Ils se font la guerre entre eux pour quelques pépites jaunes...

— Exact, Capitaine, sans compter que dans la région les Indiens se font canarder par les orpailleurs. Au Brésil, certains, comme les Yanomamis ou les Mundurukus, ont repris les armes. Qu'est-ce qui nous dit que les Wayana, ou même les Bonis, ne vont pas finir par faire pareil ?

Tom se charge de récupérer toutes les données communiquées par le 3e Régiment étranger d'infanterie, présent dans la zone et habitué à s'enfoncer en zone profonde, là où les Blancs ne s'aventurent que très rarement. La visite probable d'Emilio, un chef de bande particulièrement dangereux et recherché des deux côtés de la frontière, justifie un coup de main des Commandos marine. Ils ont 36 heures pour monter l'opération.

*

*   *

Entre Maripasoula et Lipo-Lipo, on n'a pas connu une telle chaleur depuis plusieurs années. Le taux d'humidité ne varie pas, de jour comme de nuit. Kuli, le chef d'un petit village le long de la rivière Lawa, observe le va-et-vient fréquent des passeurs, chargés comme des mules et aidés par les barges clandestines. Le long des maisons, des impacts de balles témoignent d'un échange récent entre des membres du village et des Garimpeiros. Certains soirs, Kuli prend sa pirogue et les suit pour connaître leur position exacte et veiller sur les siens. Il lui arrive de renseigner les autorités. Mais les risques de représailles sont trop grands. Il a promis à sa femme de ne pas recommencer depuis que des hommes sont venus le menacer jusque chez lui. « Une dernière et je vais me coucher », se dit l'homme découragé en s'ouvrant une bouteille de Kachiri. « C'est pas encore cette nuit que je vais réussir à dormir », soupire-t-il. Il assiste, impuissant, à la mainmise de la mafia brésilienne sur une partie du territoire de ses ancêtres, et dans le même temps à un abandon de sa communauté, avec une nouvelle génération qui n'y croit plus. « Si je meurs, personne ne prendra la relève », se dit Kuli. La dernière fois qu'une patrouille est passée dans le village, il lui a quand même laissé entendre un regain d'activité du côté de Yaoupassi, côté Suriname. Il sait, lui, qu'une équipe d'orpailleurs est tombée sur un filon qu'ils ne sont pas près d'épuiser.

Dans le ciel, un avion en provenance du Brésil cherche à se poser. Encore des quads, encore du diesel, encore du mercure… D'ici peu et comme à chaque fois, des pirogues quitteront l'îlot, slalomeront entre les gros troncs charriés par le courant et s'enfonceront dans un bras de la rivière. « Si notre fleuve pouvait engloutir toute cette bande de criminels », se désole Kuli. L'homme se tourne vers sa forêt, il aime encore s'y ressourcer souvent. Mais pour combien de temps ? L'orpaillage grignote du terrain, tue les siens à petit feu et les fera décamper un jour prochain. En un an, le nombre de sites illicites a doublé, passant de trois cents à six cents. Sans compter ceux, plus nombreux encore, qui passent inaperçus et saccagent la terre... Bientôt privés de ressources, malades du mercure rejeté dans les rivières à poissons, les villageois mourront ou seront parqués dans les faubourgs malfamés de Cayenne. Les Garimpeiros, de plus en plus offensifs, continuent de lutter contre les autorités, mais un autre front s'est ouvert : celui de la mafia liée à la drogue, qui ne rechigne pas à racketter les sites d'orpaillage et à rançonner les forçats de la terre. Les rivières Tampok et Ouaqui sont truffées de guetteurs, de passeurs et de bandits de grands chemins. En Guyane, c'est le Bronx. On ne parle plus de Paradis vert... Tout le monde sait que le combat est inégal entre des bandes de plus en plus organisées et des forces armées dépassées, qui se battent contre une hydre à plusieurs têtes. Kuli, sorti de sa condition de « noir-marron », rêvait d'un autre monde pour ses deux petites-filles. Des années qu'il courbe l'échine en espérant qu'un miracle se produise. La fatigue et la bière sont en train de remporter la partie de bras de fer qu'il mène depuis des années, quand un survol d'hélicoptère le sort de sa torpeur. « Encore la visite d'un élu local dans les prochains jours », se dit-il, habitué à des rondes de l'armée.

*

* *

À quelques kilomètres à vol d'oiseau, les pieds dans le vide, Carlos attend de fouler le premier le sol d'une zone de pose, préparée par la légion au cœur de la forêt primaire. La chape de chaleur s'abat sur ses épaules.

— Bienvenue dans l'enfer vert ! se réjouit l'enfant de Manaus.

Dégoulinant et heureux, il remplit ses poumons comme s'il reprenait son souffle après une trop longue apnée. Autour de lui, les insectes se ruent sur le moindre centimètre carré de peau.

— Les peaux blanches vont être à la fête ! Le *Bidou* et le sorcier, rabattez vos manches !

Ils vont regagner un bras de rivière en contrebas et remonter la rivière en kayak sur une dizaine de kilomètres. Carlos et Luka mettent à l'eau les petites embarcations tout-terrain. Robin scrute les feuilles de palmiers et autres fougères arborescentes. Personne. Ils n'ont pas l'intention de faire long feu dans cette zone découverte. Il faut au plus vite se faire oublier.

— Économisez vos bras les gars, prévient Carlos, ce qui nous attend derrière ce rideau de végétation est plutôt coton. Tant qu'on a les kayaks, on force pas, on se laisse glisser. Une fois qu'on sera bloqués par les sauts de rivière et qu'il faudra les abandonner, on va s'avaler des marches dans la verte sous la pluie et dans la tourbe amazonienne, ça va tirer sur la couenne.
— C'est un peu notre marque de fabrique, les coins merdiques, non ? tempère Luka.

L'hélico est déjà reparti. Une chaleur en suspension s'accroche aux hommes alourdis par une bonne trentaine de kilos de matériel. Certains connaissent déjà ces nausées qui tordent le bide le temps de s'acclimater, d'autres, comme Tom, l'expérimentent. Trop d'odeurs, trop de pluie, trop de cris ! « L'hyper-présence », c'est comme ça que Carlos définit ce foisonnement sensoriel, angoissant dans les premiers temps. Un grand bain organique qui peut aussi piéger les plus vigilants. Et puis il y a les blessures, les piqûres, les coupures qui s'infectent. Tant que la peau fait barrage, pas de danger, mais à la moindre blessure, c'est une autre affaire. « Putain, ça va pas arranger mes affaires... », se dit Elliot en prenant place dans le kayak. L'infirmier regarde sa main, elle est mal en point, il serre les dents. Impossible de les laisser au milieu du gué. Depuis qu'il a perdu son binôme en opération à Mossoul, il n'envisage plus de la même façon son métier d'infirmier au sein d'un groupe de combat des forces spéciales. Il a été dévasté par la mort de son ami, terrassé par la culpabilité, et il a eu la tentation de tout arrêter. Doudou, le second maître qui s'est occupé de le former, a su trouver les mots : « Ce qui compte désormais, ce sont les vies que tu auras devant toi, en priorité la tienne et celles que tu vas sauver. Car tu vas en sauver, c'est certain. » À commencer par celle de Luka, quelque temps plus tard au large de la Somalie sur une libération d'otages...

Les hommes remontent un petit affluent du Ouaqui sur deux, trois kilomètres, sans le moindre bruit de clapotis, évitant ainsi les guetteurs clandestins postés dans les terres. Robin étudie le terrain en perpétuelle évolution. La topographie de la région n'obéit à aucune science exacte. Les inondations en forêt, les passages de sauts... il ne peut pas prévoir à quel moment ils vont poser le pied sur la terre ferme et dissimuler leurs embarcations. Pas facile, ici l'eau stagne, là il faut batailler avec les branches enchevêtrées qui ralentissent leur progression. Quand tout à coup, et pour la première fois de sa vie, Tom croise le regard jaune métallique d'un crocodile. Tous ont le réflexe de sortir les pagaies de l'eau et interrogent Carlos du regard.

— On avance tout doux, rappelle-t-il calmement, tant que notre ami ne siffle pas et qu'on évite les éclaboussures, il ne bougera pas.

Chacun s'exécute, presque nonchalamment. Une fois le danger écarté, le baptême du feu est largement commenté. Quoi qu'il en soit, la présence de ces animaux sauvages indique qu'ils sont les premiers et que le groupe d'Emilio n'a pas pu les devancer. Pourtant, Carlos est troublé par quelques traces qu'il a du mal à dater, et surtout à identifier. Des guetteurs ? Ils auraient fait plus de dégâts. Robin et ses hommes savent que des « sonnettes » sont généralement postées dans les arbres et *a fortiori* à l'entrée des criques. À eux de s'arrêter à temps et de les contourner. Ce système de « chouf » résume toute la délicate mission des militaires qui jouent au chat et à la souris et se contentent bien souvent de détruire du matériel et des carbets, dès le lendemain reconstruits.

— Ça commence à être compliqué, pense tout haut Robin en voyant le débit d'eau baisser et la végétation envahir le passage.
— Oui et non... L'avantage, c'est qu'on ne peut pas repérer notre présence, remarque Carlos.

— Et l'inconvénient ? enchaîne Robin.

— C'est que si Emilio et ses amis passent derrière nous, ils vont se raviser.

— Sauf si ? ajoute Robin qui anticipe sur les connaissances en jungle de son ami.

— Sauf si on fait exactement comme les Wayana, les Apalaï ou les Teko… On efface toutes les traces… même celles des gros porcasses qui polluent leur espace vital !

— C'est un peu ce qu'on fait en toute circonstance, non ?

— Si on remet la nature en place, on aura tout bon…

La chaleur de jour comme de nuit, les trombes de pluie soudaines, les troncs d'arbre tombés naturellement et qui ralentissent la progression, tout est pénible à ce stade de fatigue. Les corps souffrent. Ne pas se faire repérer, c'est long et ça demande beaucoup de concentration.

À chaque franchissement de barrage, ils prennent soin de « remettre la nature en place », comme a dit Carlos. Ne pas réveiller la forêt, c'est la base que lui a apprise Juàn, son grand-père. « Prends son pouls et respire avec elle », ça lui revient…

— Trois heures qu'on pagaie et l'eau reste toujours aussi claire. Pas de trace de mercure… chuchote Tom qui sue à grosses gouttes.

— Regarde, on nous observe…

— Des singes qui ne hurlent pas…

— Tu verras demain matin aux premières lueurs du jour, s'ils ne vont pas te casser la tête…

Tant qu'il y a du gibier, se dit Carlos, c'est qu'on est encore loin de la zone d'exploitation. Tom, habitué à la fournaise de la Corse, souffre de cette moiteur. Il prend sur lui et met ça sur le compte de la fatigue. Il serre les dents, tous fournissent le même effort depuis bientôt six heures. « Arrête de gamberger sur ton état, lui avait sorti Henry pendant le stage. Plus t'as chaud, plus t'as chaud ! » C'est tout à fait ça. Plus il y pense, plus il y pense… à cette nausée qui ne passe pas.

— Ne bouge pas ton bras ! prévient Robin en protégeant son coude de tout mouvement brusque.

— Oh putain, Capitaine ! chuchote Elliot.

Un gros tronc d'arbre longe la berge inondée, largement recouvert d'un anaconda qui se contente de les suivre. Deux yeux incandescents les surveillent tranquillement. Robin le fixe. Le peu de lune qui transperce le couvercle de feuilles, lui permet de distinguer la peau luisante aux couleurs d'écorce. Les hommes se transforment en statues de sel le temps de le dépasser. Les kayaks glissent à la force du courant. Indolent, l'animal laisse filer son dîner. Environ deux cents mètres plus loin, l'enchevêtrement de branchages et de lianes géantes les oblige à s'arrêter.

— On se planque, le jour va bientôt se lever, annonce Robin en désignant une petite crique.

— On enterre les kayaks ? demande Tom.

— Par précaution, on va les cacher, mais personne n'a foulé cette partie de la forêt depuis des mois, voire des années…

— Je n'en suis pas si sûr, songe Carlos, toujours en alerte.

Le bivouac est monté en moins de vingt minutes. Chacun a accroché son hamac à un mètre du sol en prenant soin de refermer tous les sacs. Les tours de quarts sont fixés. Carlos se charge de faire un tour de reconnaissance. Elliot va pouvoir soigner sa plaie, qui commence à sérieusement le lancer.

*

* *

Au même moment, sur le petit îlot de Yaoupassi envahi d'une jungle épaisse, non loin de chez Kuli, le chef de piste s'entretient par radio avec des Brésiliens à propos d'un « paquet » qui doit débarquer à l'aube. Il est inquiet. Son ami Manolo n'est jamais arrivé pour livrer la dernière levée d'or. Dans la petite cabane qui sert de tour de contrôle, le ton monte…

— Hey, garçon ! Tu plaisantes ou quoi ? Tu me dis que vous débarquez comme ça ? Tu crois que je peux organiser une rando dans la verte avec des VIP aussi calibrés en un claquement de doigts ? Le rafting, c'est compliqué par les temps qui courent et un trek hors circuit, ça s'improvise pas comme ça. Si tu veux des 4 x 4, ça se trouve pas sous les sabots d'un âne non plus… Combien de kilos de barbaque pour les repas ? Les guides pour la balade en forêt… et tout le bordel… Alors va falloir envisager des billets pour que ton matos arrive à bon port. J'te mens pas ! Ça coûte bonbon, putain de bordel de merde ! ânonne en portugais le gardien de la petite cahute nichée dans un arbre au bord de la piste d'atterrissage.

« Raft », « 4 x 4 », « VIP calibrés », « balade »... Aucun jour, aucun nom ne sont prononcés, par précaution. Pour le moment, ils en sont aux modalités d'accueil et de transfert du groupe de malfrats. Le poids du chargement, le nombre d'occupants, la météo. Et les moyens de transport pour les acheminer sur la zone de Manolo.

— Et le cousin, il débarque en personne ? demande le gardien.

Un blanc sur la ligne. Puis l'interlocuteur se fâche.

— Ça te regarde pas, connard ! Tu verras. Contente-toi de baisser et de lever les bras quand on débarque et ferme ta grande gueule. Et pas de tapis rouge, compris ?

— O.K., O.K., oui, je verrai le moment venu, t'excite pas comme ça... temporise le gardien, conscient d'en avoir trop fait.

*

*　*

Le « tapis rouge » confirme la venue d'hommes armés, en transit, qui vont traverser le Maroni. Manolo, c'est le chef de chantier de la galerie qu'ils ont décidé de reprendre en main. Pour ce genre d'opérations, le chef se déplace. Le 3e REI[1] vient d'avoir la confirmation du vol d'un avion en provenance d'Amapá, ville minière du Brésil.

---

1. 3e Régiment étranger d'infanterie, le plus décoré de la Légion étrangère. Créé en 1920, il est stationné à Kourou, en Guyane.

Une belle prise en perspective. Une « tête de réseau » est sur le point de tomber.

Pelotonné dans son hamac, Robin savoure encore quelques minutes de solitude et de repos avant d'assurer son quart. C'est assez rare pour qu'il en profite. En mission, pas de traitement de faveur pour les officiers. Des gouttes de pluie tapotent sur sa toile. Ça lui rappelle *Koban*, creusée dans la falaise, et les tempêtes homériques auxquelles il assiste, médusé et à l'abri. Une « bulle de vie » qu'il partage avec son chien Tuck, dès qu'il foule cette parcelle de terre peuplée de mouettes et chargée de tous les embruns, dont il a besoin pour se laver de ses missions. Le seul endroit au monde où il parvient à se vider la tête. Une petite maison troglodyte dans laquelle les idées noires n'ont pas droit de cité. « Le vent les emportera ! » se persuade-t-il. Avant de sortir de son hamac, il tente de consulter ses messages. Aucun réseau. Tom aura peut-être capté les militaires via le réseau HF ? Il tombe sur Carlos en train de fouiller la base d'un arbre, la face collée aux racines…

— Qu'est-ce que tu cherches ?
— Je ne sais pas.
— Toi, y'a un truc qui te chiffonne ?
— Oui, mais je n'arrive pas à savoir quoi exactement. T'inquiète, je vais trouver…

Carlos se retourne, jette un œil du côté de la rivière. Rien n'a bougé sur l'autre rive et pourtant… Tom monte la garde depuis bientôt deux heures. Robin plisse les yeux, il a du mal à l'apercevoir dans les feuillages. Bien planqué. Il lui fait signe de le rejoindre. Frappé par la pâleur de son visage, il lui tend sa gourde. Tous manquent de sommeil et de nourriture, mais contrairement à ses camarades, le jeune commando peine à s'économiser. Il n'a pas encore les bons réflexes : lâcher prise, faire une micro-sieste, faire retomber la pression. Il se lève le premier et se couche le dernier, cherche des points hauts pour assurer les liaisons du radio et ne lâche pas le chef d'une semelle. C'est une école d'exigence pour les jeunes bérets verts. D'après les infos qu'ils viennent de recevoir des légionnaires basés sur le fleuve Tampok, des layons ont été repérés en amont d'un barrage. La bande armée va emprunter le même chemin que les porteurs de Manolo pour rejoindre les puits, mais ils ont du cash s'il faut arroser. Les commandos disposent donc d'une petite avance pour localiser leur objectif et s'enterrer avant l'arrivée d'Emilio et de ses sbires. Reste à trouver rapidement les bonnes caches pour préparer l'assaut au moment où ils viendront braquer les employés de ce fameux Manolo.

À 18 heures, sous la canopée, la nuit prend ses quartiers. Robin donne le signal du départ.

— On entre dans une zone de fort dénivelé…
— En gros, on va en chier, confie Boris à Tom.

Carlos se retourne pour vérifier que les embarcations sont bien cachées sous les branchages et mémorise les coordonnées, lorsqu'un remue-ménage survient sur l'autre rive. Un singe hurleur vient de se gaver de feuilles et regagne son groupe sans autre explication. Le commando tique, hésite. Et puis non. Il ramasse son gros sac et le cale sur son dos. Derrière le rideau de lianes, Kuli observe la colonne s'ébranler et quitter la crique pour s'enfoncer dans le sous-bois. Une pluie fine se met à tomber, rendant le terrain boueux et glissant pour ne rien arranger. Ils entament la partie la plus délicate, parce que la plus escarpée. Le terrain est de plus en plus incliné, piégeant, avec son réseau de racines qui laisse peu de place pour poser le pied. À certains endroits, le plafond végétal est si dense que l'air frais vient à manquer. Les hommes ralentissent la cadence, respirent plus lentement. « Il faut tenir, tenir, encore tenir et quand on ne tient plus, tenir encore », se souvient Tom. Visibilité nulle, humidité maximale, perte de repères, hostiles non localisés. Carlos sue à grosses gouttes. Depuis plus d'une heure, il ouvre la voie à ses camarades. À la machette, la tâche est titanesque. Robin propose une halte. Luka va prendre le relais. Robin, les yeux rivés sur les cartes, s'accroche à son azimut.

— J'ai l'impression qu'on tourne en rond, confie-t-il à Carlos.

— Si on continue au nord, on tombe sur le Tampok et on s'éloigne de l'objectif...

— C'est pas trop ce qu'on vise.

— Tu peux nous dire, toi, ce qu'on vise ? lance le commando de Manaus à la cantonade.

Robin reste interdit. Chacun regarde autour de lui. À qui s'adresse-t-il ? Carlos fixe un point précis. Nico le braque, Tom porte une main sur son glock fixé à sa ceinture. Tous les regards convergent sur un rideau de lianes et de branches, ni plus ni moins.

— Pas de panique ! précise Carlos. Ce garçon nous suit depuis un bon bout de temps. Laissons-le se présenter…

Kuli sort de sa cachette. Un peu soulagé d'avoir enfin été débusqué, impressionné aussi par l'attirail de ces soldats, lourdement équipés.

— Vous savez que vous êtes sur ma zone de chasse ?
— C'est fort probable, lui rétorque Robin.
— Je m'appelle Kuli, je suis né ici dans la forêt, ainsi que mon père, mon grand-père et tous les autres avant eux.
— Enchanté. Je suis le lieutenant de vaisseau Robin, né dans une autre forêt, à l'autre bout de l'océan.
— Je connais le coin comme ma poche et je veux vous aider.
— C'est ce que j'ai pu constater, bien que vos poches soient trouées… convient Carlos.
— Qu'est-ce que j'ai laissé tomber ?
— Façon de parler. Rien, justement… Vous avez en revanche tout nettoyé. Sauf la pisse des orpailleurs, ça, j'avoue que c'est plus compliqué à faire disparaître que tous les détritus que ces chiens laissent. C'est pas pour rien qu'on ne parle plus de « forêt » mais de « cité » verte. Et y'a un truc qu'ils font comme les chiens, c'est marquer leur territoire lorsqu'ils cachent leurs affaires et de la nourriture. Ils pissent autour des arbres pour repousser les fauves qui viendraient se servir… Et cette sympathique odeur, moi je l'ai captée ! Une forêt « endormie » ne sent pas la pisse d'humain. On est d'accord ?

— Tout à fait d'accord, et vous connaissez bien notre monde...

— On ne peut pas vous emmener, c'est trop dangereux, et on doit repérer au plus vite la piste qui va nous conduire au site d'orpaillage... Il va falloir rebrousser chemin, Kuli...

— Si ça vous intéresse, j'ai bien mieux que cela, annonce le chef du village.

*

* *

L'avion d'Emilio vient d'atterrir sur la petite piste en terre battue nichée sur le Rio Lawa. Le chef et ses trois acolytes ne perdent pas une minute. Ils récupèrent une partie de leurs armes et sautent directement dans des pirogues qui les attendent en contrebas sur le fleuve. Ils voyagent discrets et légers. Ils sont là pour faire un aller-retour. Une sorte de reprise en main d'un site qui ne verse plus de bakchich depuis des mois et, renseignements pris, qui est tombé sur un gros filon. Alerté par deux gardes qui assurent la sécurité du responsable de production, un certain Manolo, ils ont décidé de taper un grand coup, de récupérer la levée d'or qui n'a pas été assurée depuis un paquet de temps, et pour cause... Exit Manolo, le chef d'exploitation qui n'est jamais revenu de sa dernière livraison. La mission ne doit pas excéder vingt-quatre heures. Une fois le coup de semonce et la désignation d'un nouveau chef qui sera à leur botte, les hommes prévoient de rejoindre le Brésil via le Maroni, en aval du barrage, avec 40 kg de métal en stand-by.

*
* *

— Suivez-moi !

Un grand mur de fougères et de lianes enchevêtrées fait face à Robin et ses hommes. Tous observent, un peu circonspects, cet amas de verdure. Un énorme ficus étrangleur se dresse à une trentaine de mètres, entouré de généreuses feuilles de palmiers qui font barrage à toute incursion. « *No way* », se dit Robin, un peu découragé par la perspective de s'enfoncer dans cette nasse. Carlos interroge Kuli du regard et lève sa machette pour ouvrir la piste. Kuli lui fait signe d'y renoncer. Il se courbe et commence à écarter la végétation en prenant soin de ne pas l'endommager. La colonne le suit et se retrouve quelques mètres plus loin devant cette cathédrale végétale dont le socle dépasse les quatre mètres de diamètre.

— Vous entendez ? interroge Kuli.

Ils tendent l'oreille. Un gros bourdonnement s'échappe de ses racines plantureuses. Kuli fait signe de le suivre tout en désignant une des parois d'où s'échappent quelques belles reines. Puis, tel un passe-muraille, il se glisse dans son tronc creux. Robin lui emboîte le pas. À l'intérieur du cône, les innombrables abeilles ont colonisé l'espace. « C'est mon or à moi ! », lui chuchote fièrement le chef du village, redevenu zen. Un par un, les hommes empruntent le passage sans demander leur reste. Le réseau de racines aériennes renforce la désagréable sensation de se fourrer sciemment dans une souricière. Boris, au physique de bûcheron, est le dernier à s'y coller. Il n'est pas bon d'être une armoire à glace. La vue des milliers d'alvéoles à quelques centimètres de sa carcasse ne l'incite pas à s'attarder. Il découvre une longue pente inclinée, creusée dans la végétation.

— Ça m'a pris un certain temps pour créer ce passage, confie Kuli. Depuis, je n'ai cessé d'espérer qu'il serve un jour à quelque chose. Au bout, vous débouchez sur la zone de vie des clandestins. Depuis plusieurs semaines, je les observe... Ils sont une vingtaine à se relayer dans une galerie d'exploitation primaire un peu plus loin. Ils ont réduit la distance entre les deux sites, pour ne pas perdre de temps et pour garder un œil sur ceux qui rentrent et ceux qui sortent. On n'a pas découvert pareil filon dans la région depuis des décennies ! Le secret est bien gardé. Ils sont comme des coqs en pâte et très bien armés.

— Ça doit commencer à se savoir et l'info est remontée jusqu'aux groupes mafieux du Suriname et de la frontière brésilienne... convient Robin.

Le chef tend à Elliot une grande feuille imprégnée de miel.

— Ce cataplasme va soulager ta main abîmée. Je vous laisse maintenant, je dois rejoindre les miens. Bonne chance ! lance-t-il avant de s'enfoncer dans sa cathédrale boisée.

Kuli repart sans se retourner...

— On a rêvé les gars ou quoi ? demande Robin aux autres.

— C'est ce qu'on appelle un heureux hasard… ajoute le sorcier.

— Notre point de regroupement en cas de gros merdier est là, nom de code : « Le pot de miel », précise Robin.

Les singes hurleurs sonnent la fin de la nuit. Sans s'être totalement endormie, la nature redouble la cadence dans une fraîcheur relative et de courte durée. Protégés et à l'abri des regards, les commandos s'accordent une pause avant d'étudier le terrain, les hommes à traiter et le roulement des équipes. Très vite, Tom tente de repérer un point plus haut qui lui permettrait de reprendre contact avec le groupe du 3e REI, de collecter de l'info et de se brancher sur la HF utilisée par les chercheurs d'or afin de communiquer avec l'extérieur lorsque le cellulaire fait défaut. Pour le reste, aucune nouvelle d'Emilio. La légion reste en appui et prépare les exfiltrations au moment des interceptions des Garimpeiros. Nico étudie le terrain pour lui et son spotter. Le risque pour eux est de se retrouver au milieu d'un règlement de compte qui dégénère. Tout va dépendre du degré de résistance des mineurs. « Une affaire de timing », songe Robin en observant le matin qui se lève sur le carbet. Une femme d'une quarantaine d'années prépare le petit déjeuner dans la cuisine centrale, la radio diffuse de la variété sucrée et les superviseurs, à moitié assommés par l'alcool bu la veille, s'attablent un à un pour manger un bout, histoire d'avoir quelque chose dans le ventre avant de rejoindre les galeries et d'aller creuser la terre dans un des trous sous-oxygénés. Exténués par la cadence infernale que le chef leur impose, ils ne décollent pas le nez de leur assiette. Voilà trois semaines que Manolo est parti livrer un paquet d'or, mais il n'est pas réapparu, et le bruit court qu'il a été balancé dans le Maroni par ses gardes du corps qui voulaient récupérer le pactole. Une nouvelle levée de fonds est maintenue par Mona, sa femme ; tout le monde se regarde en chiens de faïence. Chacun rêve de braquer la caisse et de s'enfuir dans la pampa. Mais pour aller où et pour faire quoi ? La patronne fait mine de gérer, mais elle se ronge les sangs. Combien de temps va-t-elle tenir ses troupes ? La méfiance a cédé la place à la paranoïa. La production baisse de jour en jour, elle est persuadée qu'on lui vole une partie de l'or et qu'on le cache là où nichent des colonies d'oiseaux et de chauve-souris. Le matin, elle constate qu'une poignée d'hommes se sont fait la malle. Comment stopper l'hémorragie ? Tous les jours, elle tente de joindre son mari et les dernières personnes susceptibles de l'avoir aperçu. Tout le monde est régulièrement fouillé, l'ambiance est électrique.

Robin et Boris réfléchissent à la meilleure option pour eux. Laisser pourrir encore ? Agir lorsque Emilio débarquera ? Robin a envoyé Ari, Kim et Merlin sur l'autre versant de l'exploitation. Au moment de l'attaque, ils comptent sur l'effet de surprise pour que les employés fuient le carnage.

— La meuf passe un coup de fil. Elle communique encore par la HF ! Tu nous traites ça, Boris ?

— C'est bon, Capitaine, je suis dessus… Elle parle à un homme… C'est codé… Elle lui demande s'il a été livré… Pas de colis… O.K., Manolo s'est évaporé… peut-être une panne en route… Lui, il redoute que le colis soit perdu… Manolo a eu un problème… un gros problème… C'est pas clair, y'a de la friture… Attends… Certains ont aperçu des caïmans sur la rivière… y'a deux trois semaines… Ça coïncide… Elle doit se méfier que des mecs ne remontent pas jusqu'à chez elle… O.K., ils approchent… Ça, c'est Emilio qui débarque… Il lui dit de se blinder… Elle dit qu'elle sait… se méfier… Elle fait que ça… Elle dort pas… Elle dit que ça zone sur le camp… Elle se sent pas en sécurité… OK… Elle l'embrasse là où il sait… Elle va tout planquer…

— Bon, exit Manolo… Ils ont dû l'éliminer et le couler dans le Maroni. On se concentre sur Emilio. On surveille Mona de près, elle va pas gérer longtemps l'affaire… Elle va taper dans les gamelles et ça va cartonner, transmet Robin.

— On part sur quoi, Capitaine ? demande Tom, impatient d'en découdre.

Robin s'isole le temps de rassembler ses idées.

— Carlos, Luka, vous allez vous enfoncer sur un bon kilomètre. Vous laissez passer la caravane et vous refermez le dispositif. Emilio va se casser les dents sur nous…

*

* *

Voilà deux jours que les Brésiliens marchent et campent dans la forêt. Avant, ils auraient opté pour l'hélicoptère et le reste de la route en quads, mais le parc amazonien est quadrillé par les militaires. Et puis leur approche doit se faire discrètement, car la femme de Manolo est sans nouvelles de son mari et, à la moindre alerte, elle va tenter de regagner la frontière. Il ne faudrait pas que le paquet d'or leur passe sous le nez et surtout que le camp soit repris par un autre groupe. Ses informateurs lui ont parlé de tensions depuis les disparitions récentes. On a retrouvé un des gardes décapité au fond d'une baraque voisine, les deux autres restent introuvables. Le climat est très tendu. Mona dort sur son tas d'or. Elle sait qu'elle ne va pas tenir très longtemps… Tant que son mari ne sera pas revenu, elle garde son arme à portée de main. Mais elle n'y croit plus. Il a dû être liquidé. Par qui ? Elle est seule. Où s'enfuir ? Pour où ? Elle se sent piégée, cernée. Elle n'hésitera pas à tirer dans le tas.

— Toi, tu t'approches de moi, je te fume, compris ?

— Putain, Emilio, t'énerve pas comme ça ! Avec ton sabre, tu pourrais le blesser !

— S'il touche à un de mes cheveux, je le coupe en deux !

— Du calme, les gars… On va faire une pause pour calmer le jeu, propose João, le cousin d'Emilio.

— Quand est-ce qu'on arrive chez Manolo ? s'impatiente le chef.

— Dans moins d'une heure on y sera.

— Il fera nuit.

— C'est mieux si on veut faire parler la femme…

— Et Manolo, des news ?

— Cherche pas. C'est toi qui vas le remplacer…

*
* *

Sous le carbet, deux hommes discutent. Mona est partie téléphoner dans une petite cahute qu'elle partage avec son mari. Elle tourne en rond dans sa petite chambre. Tente de joindre sa famille au pays. Ses deux gardes du corps guettent du côté du chemin emprunté par les quads. Pas de nouvelles d'Emilio. Ils auraient dû être prévenus de son arrivée. Pourquoi l'attendre ? Mona dort sur un mois de production. C'est l'occasion de taper dans la caisse et de se faire la belle. L'un des deux récupère un sac dissimulé dans une cantine. Mona ne va pas tarder à ressortir. Ils se doutent qu'elle va tenter de s'enfuir. Elle a compris que Manolo n'allait pas revenir. L'un sort une arme de poing, l'autre un fusil à pompe. Ils s'avancent vers la petite maison, les armes bien pointées face à la porte.

— À tous, si Mona sort, ils la shootent. Merlin, à toi de cogiter, chuchote Robin dans le casque de chacun.

À quelle distance se trouve Emilio ? Cette intervention prématurée tombe mal… Les tirs vont s'entendre à plusieurs kilomètres. Pas que les leurs d'ailleurs, ceux aussi des gardes du corps et de la femme. Robin et Tom cherchent la parade…

— Pourquoi ces mecs interviennent avant l'arrivée du boss ?

— La fièvre de l'or ? Court-circuiter Emilio ? imagine Tom.

— C'est pas logique...

— Peu importe... Les faits... que les faits...

De toute évidence, les deux hommes ont changé leur plan. Nico et Eddy les ont dans leur viseur, avec un silencieux au 7,62, ils sont en capacité de les neutraliser facilement. Mais Mona va réagir au premier bruit et ils vont la cueillir au moment où elle va sortir. Ils tablent là-dessus. À moins de 100 mètres, camouflés dans le feuillage, Merlin, Kim et Ari observent la petite cahute dans laquelle Mona s'est enfermée depuis maintenant dix minutes.

— Elle est forcément armée... Il faut tout faire pour ne pas qu'elle tire, réfléchit Merlin.

— O.K., on doit la considérer comme une otage si on veut qu'elle sorte saine et sauve de ce traquenard. On traite les deux gardes en mode enlèvement, envisagent « l'alchimiste » et les nageurs.

La femme ne bouge pas. Aucun mouvement dans la chambre. Est-ce qu'elle se doute de quelque chose ? L'un des deux colle son oreille et fait signe à l'autre de ne pas bouger. Le groupe de Robin aperçoit Ari et Kim qui s'avancent le long de la petite cabane. Ils se positionnent pour les appuyer. Tout est en place.

— Stand-by, temporise Robin.

Merlin, rejoint par Boris, sort de la verdure crépusculaire et se place sous la fenêtre de Mona. Il va attirer son attention sans qu'elle se doute que le danger vient de ce côté. Au bout de quelques minutes, les deux hommes l'entendent tousser. Une odeur très forte de poivre et d'ammoniac envahit la pièce et l'empêche de respirer. Ils s'inquiètent, elle ne répond pas. Ils veulent rentrer, la porte est verrouillée. Les picotements dans la gorge l'empêchent de respirer, elle tousse. D'où ça vient ? De ses gardes qui veulent la braquer ? Elle ne veut pas sortir. Elle a tout juste le temps de tirer un gros sac à dos. Et tandis qu'elle ouvre la fenêtre pour s'échapper par l'arrière, Boris lui donne un gros coup sur la main qui tient son arme. Elle n'a pas le temps de réagir. Elle tousse, elle crache, ne comprend plus ce qui se passe. Un homme cagoulé lui fait face. C'est Merlin qui lui pose un masque pour qu'elle reprenne son souffle. Elle ne peut pas non plus crier. Bon tempo. Il l'exfiltre par la forêt. Boris rentre par la fenêtre, une porte le sépare des deux gardes armés.

— En place, glisse Boris, rejoint par Nico et Eddy à une centaine de mètres des objectifs.
— Target 1 dans le viseur.
— Target 2, confirment les deux snipers.
— Stand-by.
— Reçu.

Les deux hommes tambourinent. Ils se regardent, c'est le moment. Le plus costaud donne un coup d'épaule. La porte cède trop facilement. Ce n'est pas Mona qui est derrière, mais une armoire à glace qui les braque avec un Sig 552 pointé à bout portant.

— Un geste, et ta tête explose.

L'homme préfère se laisser tomber. L'autre, balayé par les jambes d'Ari, est plaqué au sol par Kim, son binôme. L'effet de surprise a fonctionné. Ils n'ont rien eu le temps de tenter.

Carlos et Luka renseignent. Emilio et sa bande sont encore à une bonne distance, ça laisse largement le temps de se repositionner.

— On vient de laisser passer la marchandise, renseigne Carlos.

— Elle est dans quel état ? Apparemment reboostée à la blanche…

Après leur pause, Emilio et ses hommes se sont sniffé une petite ligne. L'or et la cocaïne font bon ménage dans ces milieux du grand banditisme. Carlos et Luka regardent la caravane passer. Le piège se referme. Impossible pour eux de rebrousser chemin. À trois cents mètres, les légionnaires du 3e REI font barrage. Tom et Robin sont désormais au courant du moindre mouvement dans tout le périmètre : sur une demi-journée de marche, tout est verrouillé. La FAG[1] est positionnée sur les puits ; à son signal, les galeries seront évacuées.

1. Les Forces armées en Guyane (FAG) regroupent l'ensemble des unités militaires françaises, stationnées dans ce département d'Outre-Mer. Elles sont composées du 3e REI, du 9e RIMa, des bases navale et aérienne de Dégrad des Cannes.

— On mène l'opération en deux temps. Quand les Garimpeiros vont entendre les premiers coups de feu, ils vont décamper. Y'a suffisamment de légios dans la forêt pour choper les plus zélés, et les autres iront crécher ailleurs sans demander leur reste, explique Robin à Tom.

*

*   *

Emilio écoute la forêt. Il sent que quelque chose cloche. Il est contrarié. Il aurait voulu arriver au camp avant la nuit, mais à force de changer d'itinéraire, ils ont perdu trop de temps. Ils ont faim et soif, mais ne veulent plus s'arrêter. Rien ne se passe comme prévu. Le shoot est déjà loin et son genou droit lui fait atrocement mal. À chaque pas, il ressent cette vieille douleur qui ne passe pas, il ne peut plus avancer. Ça le rend fou. Il fixe là-dessus. Cette expédition tourne au cauchemar. Tout ça pour quelques kilos d'or en plus. Il en a assez. Il a envie de tirer dans le tas, de tuer toute cette bande d'incompétents qui l'a mis dans le pétrin.

— C'est mal branlé, ton affaire ! lance-t-il à João.
— T'inquiète, on n'est pas loin…
— Tu te fous de ma gueule ?

João regarde sa carte et sa boussole, tout indique qu'ils sont tout près du camp. À gauche, en contrebas, la zone des puits, tout droit le carbet.

— Calme-toi… C'est bon, on arrive. Les puits sont juste là, nous on trace tout droit…

*
*   *

Au loin, Robin distingue une lueur dans le feuillage. Carlos et Luka les renseignent, ils se décalent pour progresser en quinconce et éviter de tomber nez à nez avec la bande de trafiquants. Un petit sous-bois épais les sépare. Tom communique avec les Forces armées en Guyane par radio. Elles sont positionnées tout autour, en deuxième cercle. Un détachement a déjà exfiltré Mona et les deux gardes pour faire place nette. Kim, Ari, Merlin et Elliot ont reformé une colonne d'assaut qui doit neutraliser Emilio et ses hommes avant qu'ils n'atteignent la lisière de forêt. Eux, s'approchent sans se douter qu'une quinzaine de paires d'yeux les cernent de près. Sur l'écran de Robin, les sources de chaleur se précisent. Elles sont au nombre de quatre. Elles avancent tout doucement dans leur direction.

— On se décale encore un peu, mais il faut à tout prix éviter qu'ils se rapprochent de la zone des galeries…
— Bien pris, Capitaine ! confirme Kim.

Emilio grimace, João compte les derniers mètres, quand une nuée de Guarachos, aux becs crochus et larges s'échappent des palmiers Awara. Les hommes sursautent. Emilio panique. L'épaisseur de la végétation agit comme une barrière infranchissable. La visibilité est de moins d'un mètre. Emilio réalise qu'ils ne sont pas tout seuls. Il sent du mouvement autour de lui et se saisit de sa mitraillette. Mais où viser ? Ils arrosent tout droit devant eux. Aucun cri. Aucun râle. Aucun corps ne tombe.

— Stand-by.

Robin temporise. Il faut absolument les garder dans l'axe. Les commandos ont contourné la zone boisée. Ils vont les prendre à revers. Les trafiquants ne comprennent plus rien. Des animaux ? Des cris de singes, puis plus rien. Les FAG planquées ? Pourquoi les militaires ne leur tombent-ils pas dessus ? Quelques secondes de silence, puis des échanges de tirs reprennent de plus belle.

— Y'a des mecs autour de nous ! C'est quoi ce putain de bordel, João ?

— Bah, je sais pas, je comprends pas, ça bouge de partout… chuchote João, pas rassuré.

— Ça tire du côté des galeries !

Les trafiquants cherchent où aller. Du côté des puits ? Du côté du carbet ? Emilio a chaud. Sa douleur le lance, jusqu'au pied. En se plaquant au sol, il n'a rien arrangé.

— Tu respires comme un porc ! Ta gueule ! lance-t-il à son cousin.

— On fait quoi ?

— Faut qu'on se planque, connard !

C'est la panique chez les trafiquants. Toujours des tirs, mais au loin. Les combats ne se rapprochent pas, mais Emilio se sent observé. Il en est sûr, ils sont là. Mais qui est en face ? Des hommes de Manolo ? Des militaires ? Autre chose qu'ils n'ont pas vu venir ? Il veut reprendre le contrôle. Mais face à un ennemi invisible, que faire ? Foncer tête baissée ? Pour Mona, c'est râpé. S'avancer, c'est se jeter dans la gueule du loup. Prendre la tangente. Il cherche.

— Tu m'as dit que les puits étaient juste en contrebas ?
— Exact.
— On fonce !

Emilio sort deux grenades de son sac. Il les dégoupille. Carlos et Luka sont à quelques mètres, ils ont juste le temps de se jeter au sol. L'effet blast arrache tout jusqu'à la canopée. Les quatre hommes dévalent la pente qui mène aux puits. Luka ne bouge pas. Carlos, le souffle coupé, cherche désespérément celui de son ami.

— Elliot ! Ramène-toi au plus vite !
— Je suis là, Luka. Bouge pas non plus, Carlos, reste allongé. Un hélico décolle de Maripassoula, tenez bon, les gars.

Les oiseaux ont déguerpi. Emilio a eu le nez creux. Tom a pris la tête de la colonne. Il progresse tout doucement. Au loin, un hélicoptère survole la zone. Dans son viseur, la cavité. Sombre, étroite. Ils sont quatre dedans, planqués et armés. Plus rien à perdre, bêtes traquées. Robin repense à l'une de ses premières missions en Indonésie, dix ans plus tôt. Une affaire de piraterie sur la Ménubar qui s'était terminée dans des grottes à Bornéo. Une rencontre fortuite, Gua, le guide Dayak, chasseur d'hirondelles. Un peu comme Kuli et ses abeilles... Lui et son escouade étaient allés prêter main forte au GIGN, à son ami Christophe Keller[1] et son célèbre Groupe 4. L'histoire se répète et les frères d'armes se croisent... Il pense à Carlos et Luka, comment vont-ils ? « Oublie, c'est pas le moment », se ressaisit-il. Tom lui fait signe de se décaler. Il veut tenter quelque chose, se colle à la paroi. La colonne s'est écartée. Il sent cet appel du vide qui remonte à son enfance. Ça sent la mort. Il se souvient de ce moment où il a d'instinct choisi l'autre voie. S'écouter. Il sent Robin juste derrière lui qui semble lui murmurer : « Il y a toujours une issue... »

Robin a calé son arme sur son épaule. « Stand-by », semble lui dire Tom à son tour. Ils ne font plus qu'un, disposant d'un coup d'avance sur Emilio. Ça sent le quartz, une odeur fétide qu'il reconnaît. « Mais ça sent la peur aussi », se dit le jeune commando. Il rapproche son arme de poing pour qu'elle le précède le moins possible. Il plisse les yeux, mais ne distingue aucune forme dans la cavité. Robin fait signe à ses amis de contourner le bloc et de se tenir prêts à bondir. Il aperçoit Kim de l'autre côté. En tendant l'oreille, on pourrait entendre tout ce monde respirer. Merlin s'approche. Avec Ari, ils se sont placés au-dessus de la voûte. Une grenade roule devant eux, Tom la shoote de toutes ses forces ! Elle explose en contrebas. « C'est maintenant qu'il faut taper », se dit Robin dans un éclair de lucidité. Un nuage de lacrymo les précède dans la grotte. Ça crache,

1. Voir *GIGN, les experts du danger*, Éditions Robert Laffont, 2009

ça tousse au fond, la fumée attaque la gorge et les yeux. Munis d'une lampe à infrarouge, Kim fouille l'air saturé. « Emilio à dix heures ! » lance-t-il en apercevant le trafiquant un fusil d'assaut braqué sur Robin. Tom riposte et l'atteint à la tête. Ari et Merlin se jettent sur les trois autres, asphyxiés.

— *Don't move !* crie Robin aux hommes qui n'opposent plus aucune résistance.

Plus un coup de feu. La forêt a retrouvé ses chants du matin. Le vacarme de la nuit a quelque peu éloigné les singes hurleurs, habitués à accompagner les premières lueurs du jour. Le bal des hélicoptères ne fait que commencer. Emilio est déjà froid. Les trois complices vont être récupérés par les autorités. Les hommes de Robin ont leur mine des mauvais jours. Les deux CTLO de Jaubert ont été transportés à Cayenne. « Des chances qu'ils passent sur le billard, même si leurs jours ne sont pas en danger », a précisé Elliot il y a quelques minutes. Tom et Merlin se chargent de ranger le matériel. Dans une heure, ils auront décollé à nouveau pour rejoindre leurs amis. Où est Robin ? La dernière fois que Tom l'a aperçu, il se dirigeait du côté du « pot de miel ». Elliot touche sa plaie cicatrisée, Carlos aurait sans doute aimé dire adieu et merci à son nouvel ami Kuli, c'est son chef qui s'en est chargé…

OPÉRATION CARACAL

Niger. 2 heures du matin. À la frontière du Mali.

Face à Boris : 8 000 mètres de vide. Il relève la tête pour contempler le ciel étoilé à travers la visière de son masque à oxygène. Petit pic de stress. À cette hauteur et à cette vitesse, en l'espace de quelques secondes, sa vision est totalement trouble. Et puis tout rentre dans l'ordre. Les coordonnées sont intégrées dans chaque système de navigation. Ils ont checké toutes les séquences du saut. Chaque chuteur se remémore ce qu'il a à faire. Point de largage ? Ordre de passage ? Calcul du vent par couche ? Capacité de franchissement ? Altitude ? Température ? Ouverture de parachute ? Très très près du point où se poser…

Juste après s'être laissés tomber de l'avion, ils voleront un petit temps pour regarder tout autour, au sens propre comme au figuré. Seuls. C'est un des moments que Boris préfère. À cette hauteur, les soucis s'envolent, se diluent dans l'air. Tom n'est pas loin, il le talonne à la bonne distance, puis c'est au tour d'Elliot, puis les autres. Plus de cent kilos de matériel les alourdissent, ils ouvriront leur voile lorsqu'ils auront chuté de

500 mètres, à 7 500 mètres d'altitude. Oxygène, JVN, compas, altimètre, GPS, chaque opérateur suit sa courbe, huit à neuf mètres par seconde de chute et quarante kilomètres/heure pour la vitesse du vent. Si tout va bien, ils devraient se poser dans un mouchoir de poche à l'échelle du désert, vingt-cinq mètres carrés, à peine. Trente minutes de dérive sous voile. L'air se réchauffe au fur et à mesure qu'ils se rapprochent du sol. Un voile mordoré leur indique qu'ils vont toucher terre dans une minute. Ils disposeront de très peu de temps pour rejoindre un partisan dans la zone de Ouallam. Un accrochage, la veille, a été particulièrement violent.

*

* *

Du côté des djihadistes, le bilan est lourd. Walid et Ali sortent enfin de leur cache. Le piège qu'ils ont tendu aux forces régulières s'est retourné contre eux. Ils sont dix à avoir perdu la vie. La majorité s'est repliée de l'autre côté de la frontière. Ils ont réussi à emmener les blessés, ils ont dû abandonner les morts. Mais à l'issue des combats, il manque un chef et non des moindres : Habib manque à l'appel. Pour Walid, son neveu, il est hors de question d'abandonner son corps aux forces régulières. Ce serait une prise de guerre lourde de conséquences. Avec son adjoint, ils ont vu les « mécréants » passer au peigne fin toute la zone. Des armes et de nombreux indices retrouvés sur les cadavres devraient les faire remonter jusqu'aux assaillants. Le terrain porte encore les stigmates des combats. Le terrain, labouré par les tirs de mortier, n'est plus qu'un champ de ruines. Deux hélicoptères *TIGRE* de Barkhane ont survolé les lieux. Walid garde espoir. Si son oncle n'a pas été trouvé, c'est qu'il est vivant. La dernière fois qu'il l'a vu, il s'était posté du côté de la rivière avec d'autres combattants. Ils avaient contourné l'ennemi pour mieux le déborder. Les échanges ont été intenses, jusqu'à ce que les réguliers sortent leur mitrailleuse Dillon, pour condamner la zone. Trois mille coups à la minute, ils ont arrosé les deux rives du cours d'eau. Ali est formel, ils se sont pris une grosse rafale de 12.7 et ont disparu derrière le fossé. Deux cadavres en mauvais état mangent la terre tapissée de douilles humides. Walid croit reconnaître un des petits jeunes qui venaient tout juste de prêter allégeance. Éviscéré. Son acolyte a eu le bras arraché et s'est vidé de son sang. Habib a dû connaître le même sort. Les deux hommes ratissent une dernière fois le terrain défiguré, en vain. Ils ont soif, ils ont faim. Ils se donnent encore quelques minutes avant de filer rejoindre les leurs, sans doute déjà loin. Aucun villageois à l'horizon. À l'heure de l'attaque, les hommes étaient aux champs. Quant aux femmes, elles ont vu la colonne arriver et se sont terrées avec leurs enfants dans leur foyer. Dès l'aube, les insurgés se sont positionnés. Le chef des djihadistes aurait dû se douter qu'après l'accrochage sanglant dans un village voisin, où quatre bérets verts américains ont été tués, la réplique des réguliers n'allait pas être la même. Pour Habib et ses hommes, c'est un échec, mais il ne faudrait pas qu'ils tombent entre les mains de l'ennemi. Vivants, on chercherait à faire parler les prisonniers, morts, ils feraient l'objet d'une propagande.

« La guerre psychologique qu'on mène contre l'Occident concerne aussi les cadavres... » songe Walid, fataliste.

— Attends ! T'as entendu ?

— Je sais pas... J'ai tellement mal, je suis épuisé... J'ai le bras cassé, c'est sûr ! répond Ali à son supérieur.

— Va te faire foutre avec ton bras de fillette ! Tant qu'on n'a pas récupéré le corps de mon oncle, on ne quitte pas cet endroit... Je te le tranche si tu me fais chier.

Ali serre les dents, se tient l'épaule aussi, il la sent fracassée. Avancer, mètre après mètre, ne penser à rien et suivre son chef. Respirer péniblement, car c'est tout le côté droit qui lui fait mal, comme s'il était déjà amputé. Çà et là, des morceaux de viscères surnagent dans des flaques teintées de sang. Ça lui donne envie de vomir. Un râle s'échappe d'un amas de ronces. Walid se précipite. Son oncle est là, sous les feuilles, à demi-conscient, mais vivant. Une plaie profonde sous l'abdomen lui fait craindre le pire. Il hésite. Le déplace pour mieux se rendre compte de son état. Il ne tiendra pas jusqu'à Menaka... Il faut trouver un endroit où l'abriter pendant quelques jours. D'ici peu, le jour va se lever et les villageois vont venir enterrer leurs morts dans le respect de la religion. Ce serait d'ailleurs à eux de le faire, mais le temps presse. Sans eau, Habib va passer l'arme à gauche. Walid tape un message Télégramme pour prévenir qu'ils sont bloqués sur place et qu'il faut trouver une solution de repli pour leur chef. La réponse ne tarde pas : « Le Peul va venir vous récupérer. »

Le dénommé « Peul », c'est le fameux Dr Omar qui vient de céder à la pression de ces insurgés qui déstabilisent la région. Ils imposent une vision rigoriste de la religion et sont hostiles à la régulation des naissances, comme l'est une grande partie de la population. Lorsqu'il est arrivé dans cet hôpital de brousse avec ses idées progressistes – réduire la mortalité des femmes en couches et contrôler la fécondité des femmes trop souvent mères –, on l'a regardé avec méfiance. Il s'est battu, a embauché du personnel et mis en place des partenariats avec des organisations humanitaires internationales, puis il a fini par baisser les bras. Depuis deux ans que les groupes djihadistes progressent au rythme de leurs allégeances à l'État islamique de l'autre côté de la frontière, au Burkina aussi, ils multiplient les embuscades contre les forces armées régulières appuyées par l'Occident, le chaos règne à nouveau, la population trinque et ne sait plus à quel saint se vouer. L'équipe d'Omar, constituée notamment de Salou et de Yasmine, assiste impuissante à ce rapprochement inquiétant. Une heure passe. Walid entend enfin le moteur d'un véhicule se rapprocher. Prudent, il attend que le conducteur en sorte. Il ne le reconnaît pas. Salou prononce le mot magique : Caracal. Il est chargé par Omar de les emmener à quelques kilomètres de là, dans l'hôpital de brousse.

— Omar n'est pas là ? s'étonne-t-il.
— Il m'a demandé de venir vous chercher, j'obéis, lui répond sans façon le jeune homme.

Salou se penche sur le blessé, regarde de plus près sa large plaie sur le côté et réprime un froncement de sourcil. « C'est moche », se dit-il, tout en se gardant de se prononcer. Walid fait signe à Ali de l'aider à transporter le corps à l'arrière de l'ambulance.

— Il pèse un âne mort ! s'exclame Ali.

Pour l'infirmier, il doit passer sur le billard au plus vite, sans quoi il est condamné.

*

* *

Dans la salle d'où est piloté le *PUMA* Block 2, Robin scrute les images filmées en *live* et transmises par la petite merveille en composite et carbone envoyée par Boris. Une nouvelle génération de drones qui offre une autonomie et des détections ponctuelles et précises. Le Commandement des Opérations Spéciales suit lui aussi les analyses du droniste. Tout est parti d'un cryptage cassé par les services secrets quelques heures auparavant. Une conversation autour d'une embuscade imminente dans la région de Tillabéri, une nouvelle expédition punitive face à « l'occupation des traîtres à l'islam ». Mais rien n'a fonctionné comme l'avaient prévu Habib et ses hommes, et les Mirages français ont eu le temps de désimbriquer les troupes en difficulté. Le groupe de Robin qui vient de rejoindre un détachement de liaison, a donc quelques longueurs d'avance… Et une source de renseignements précieuse du côté de l'hôpital dans lequel travaille Salou et une certaine Yasmine.

— La camionnette vient d'arriver comme prévu, commente Boris, elle ne va pas tarder à repartir du merdier avec le Caracal et ses sbires...

— On va rapidement en savoir plus sur son état...

— Il l'embarque ! On a une petite chance de le coffrer !

Une pop-up clignote en haut à droite.

— Tout va bien, on a encore deux heures d'autonomie, après il faudra songer à faire la relève entre drones, précise Boris.

— Des news de Yasmine ?

— Négatif.

— On est sur le même GAT[1] qui a organisé l'attaque au Mali de l'an dernier...

— La fameuse où Luka a failli y passer ? demande Tom.

— Exact. La bastos a rebondi sur son casque. Elle aurait dû faire exploser son chargeur. Je ne sais pas quel ange gardien est passé à ce moment-là... mais après ça, il a allumé un cierge dans toutes les chapelles qu'il a croisées entre Plouhinec et Carnac ! se souvient Robin. Bon, on continue de creuser du côté d'Oulad Omrane et du Mujao... On a noté aussi pas mal de mouvements du côté de Dori au Burkina... Tu me sors le trombi !

— Bien pris, Capitaine, répond le jeune commando rivé sur la région du Liptako-Gourma. J'affine, je décortique les moindres talus... Mais

1. Abréviation pour désigner un groupe armé terroriste

vous voyez, Capitaine ?.... On est pile dans la zone de Yasmine, ou bien ? se hasarde Tom.

*

* *

Salou jette un œil dans le rétroviseur, Walid transpire nettement moins que lui. Il voit son heure arriver bien plus vite qu'il ne roule. « Une fois qu'on aura sauvé son chef, c'est ce mec qui va m'exécuter », se dit-il se demandant s'il a eu raison de faire confiance à Yasmine. Quelques semaines auparavant, il a tenté de dissuader son patron de mettre le doigt dans l'engrenage. N'en a-t-il pas trop fait ? « On est abandonnés par l'État », s'était justifié Omar, comme s'il récitait une leçon bien apprise. Comme si la seule alternative pour sauver leur petit hôpital de brousse en péril était d'accepter une mise de fonds d'une organisation proche des mouvements islamistes. Ces hommes financent des écoles, des dispensaires, donnent des coups de pouce aux éleveurs, notamment sur cette zone « poudrière » des trois frontières. Le rapprochement et l'intervention des djihadistes sont ciblés. Ils visent des hommes de bonne volonté comme Omar et leur donnent l'illusion de garder la mainmise sur la pratique de leur médecine. En réalité, ils les mettent peu à peu sous perfusion et les obligent à accepter de nouvelles règles du jeu pour continuer. Une asphyxie lente et progressive. « J'ai bel et bien assisté à ce renoncement, ça a mis du temps, mais ils y sont arrivés... » ressasse Salou.

— Qu'est-ce que t'attends pour démarrer ? Fonce ! Si mon oncle meurt, tu meurs !

Salou pense à Yasmine et au peu qu'elle a lâché depuis qu'elle est arrivée comme aide-soignante et sage-femme. Elle tourne depuis des années dans les structures de santé du pays ; elle arrive de Madama, forme les femmes aux gestes qui peuvent les sortir d'une mauvaise passe. Elles se font rares désormais, ces Occidentales qui circulent dans les zones de guerre. Quand elle est arrivée dans la structure, elle s'est présentée comme une « mercenaire de la cause des mères ». Ça sentait déjà un peu le roussi, mais pas au point actuel. Il assistait à des discussions un peu houleuses du directeur avec les pseudo-investisseurs qui finançaient l'établissement. Et puis, Yasmine est devenue indispensable à la structure. Omar, le patron, pragmatique, a vu d'un bon œil le lien qu'elle construisait peu à peu avec les accoucheuses traditionnelles, rétives à la régulation des naissances et au suivi de la grossesse. Le bruit a couru un temps qu'elle couchait avec l'infirmier. Lui n'aurait pas dit non, mais c'était trop risqué. Et puis elle s'est intégrée à la communauté. Elle s'est occupée des mères, des filles. Alors les hommes n'ont plus cherché à savoir d'où elle venait... Un soir, Salou lui a tout lâché.

— Accepter de l'aide d'où qu'elle vienne sans trop regarder, est-ce mal ? lui a-t-il demandé.

— Une structure médicale si près des frontières malienne et burkinabée doit faire des compromis...

Très vite s'est greffé le projet d'ouvrir un orphelinat à côté de cet hôpital de brousse et de diffuser un message plus « vital » que « mortifère ». Yasmine s'est bien gardée de dire quoi que ce soit, elle a observé le terreau radical en train de se développer.

— Un homme est venu demander à Omar de s'engager, confie Salou.

— S'engager à quoi ?

— À être une base arrière en cas de combats qui tournent mal...

« On y est », se dit Salou. Heureusement que le jeune homme connaît la route par cœur, car sa vue est totalement brouillée. Il a chaud et sent son cœur battre dans ses tempes. Tant que le blessé n'aura pas été sauvé, il sait qu'il est en position de force, mais s'il meurt, c'est une autre affaire. Walid lui demande encore d'accélérer. Habib peine à respirer, ce n'est pas le moment de flancher. Mais lui ralentit. Même si une admission en pleine nuit n'a rien de suspect, inutile d'attirer l'attention

*

* *

Boris a très vite reconstitué le puzzle à partir des pièces dont il disposait. L'hôpital de brousse se trouve dans la zone la plus sensible du pays, avec celle du lac Tchad et Boko Haram. Leur présence à Niamey et l'embuscade qui se précise. Et puis l'évocation d'un agent dormant, même si seul le lieutenant de vaisseau disposait de toutes les pièces. Au moment où l'ambulance entre dans la cour, il abat ses cartes…

— O.K., c'est donc Yasmine notre source ? demande Boris.

— Exact. Le SA[1] prépare son exfiltration depuis déjà plusieurs semaines. Ils attendaient une petite fenêtre d'opportunité qui tardait à venir…

— Elle est toute trouvée…

— En effet. Les mecs n'ont pas choisi ce lieu par hasard… La zone est poreuse avec le Mali et le Burkina à côté.

— L'opportunité de récupérer le « client », c'est la cerise sur le gâteau pour eux. Mais sans nous, le risque de perdre un élément est multiplié par cent ! percute Tom.

— C'est ce qu'ils sont en train de voir avec la centrale. Nico et Elliot repèrent les spots en cas de feu vert. On a maxi vingt-quatre heures pour poser le dispositif et exfiltrer le client.

— C'est chaud, un hôpital, convient Boris, en décortiquant toutes les infos qui s'inscrivent sur son écran…

— Salou nous est acquis et on a tout intérêt à gratter du côté d'Omar, il est fragile, il a des casseroles dans le buffet.

Robin est tout de même inquiet. Intervenir dans un bâtiment où civils et hostiles se mélangent, c'est la pire des configurations, celle qu'ils évitent normalement soigneusement. Mais l'opportunité

1. Service Action : unité militaire française, corps support de direction des opérations de la DGSE (Direction générale de la Sécurité extérieure)

est trop belle de capturer ce chef et Yasmine, qui les renseigne de l'intérieur, réduit la prise de risque. Mais le temps presse. D'autant que les hommes d'Habib vont tout faire pour le récupérer, vivant ou mort. Une attaque de l'hôpital n'est pas à exclure.

*

* *

En ouvrant l'arrière du véhicule, Salou se prend une puissante odeur de sang coagulé en pleines narines. Le corps de l'homme est très abîmé. Un amas de chair laisse échapper une demi-douzaine de mouches très excitées. Salou se dit qu'il pourrait en profiter pour l'achever, mais il sait que ce serait signer sa propre mort. Où est Yasmine ? Il faut qu'il lui parle. De sa chambre, elle scrute les allées et venues de son patron, puis l'arrivée du véhicule et de ses occupants. En apparence, elle reste calme, mais au fond, elle réalise enfin ce qu'elle a sous ses yeux. En dix ans de missions, elle n'a jamais eu cet « alignement de planètes », comme elle dit. Que la « Maison » a eu raison de miser sur cette zone. Avant de descendre, elle crypte un message à ses deux contacts : « Caracal en cage. » Salou ne va pas tarder à lui confirmer qu'une fois au bloc, il va falloir faire très vite. Elle espère seulement que du personnel se trouve déjà à proximité.

— Il est mal, non ? constate Omar sans même l'avoir ausculté.

— Salement esquinté… lui répond l'infirmier sans empathie et avec une pointe de dégoût.

— C'est pourtant de sa survie que dépend la nôtre, non ? lui glisse discrètement Omar comme s'il devinait ce qui lui était passé par la tête.

— Oui, et c'est bien ça, le problème...

— N'en rajoute pas, chuchote le directeur.

— Vos amis ont bel et bien gagné la partie.

— Ce ne sont pas mes amis, ce sont mes partenaires. Si on sauve Habib, je te promets de remettre les choses à plat...

— Si on sauve Habib ? Mais vous rêvez, patron. Nous sommes condamnés quoi qu'on fasse... C'est trop tard pour penser qu'il y a quelque chose à sauver...

*

* *

Robin et ses hommes étudient la meilleure manière de récupérer celui qui est clairement identifié comme étant le « Caracal », un des chefs djihadistes les plus influents de la région. Le reste des troupes a suivi le mouvement de la vingtaine de pick-up et des motos, puis s'est évaporé non loin de la réserve d'Asongo. Ils sont remontés vers Menaka, les forces de Barkhane ont perdu leur trace mais fouillent méthodiquement la zone phagocytée par AQMI d'un côté et l'EI de l'autre. Il est prévu que Yasmine décampe avant l'assaut. Carlos, Luka et Elliot revoient une dernière fois les portes d'accès et les plans qu'elle leur a communiqués.

— On oublie l'aile sud, tout se passe au nord... précise Carlos.

— Yasmine aura déposé une civière à l'entrée de la chambre 8 dans le placard A.

— Autres consignes ?

— La porte qui permet de passer du local technique au groupe électrique est murée.

— Tiens, c'est pas sur le plan…

— C'est pour ça qu'elle l'a précisé…

— Bien joué.

— O.K., l'accueil est face à l'entrée, tu as une sortie sur l'arrière du bâtiment.

— On prend l'accès principal, la nuit, y'a pas un pékin…

— Ronan, Robin et Tom sont à l'arrière du bâtiment, ils attendent sagement dans la fourgonnette en appui, si besoin…

— Nico, Eddy se chargent de couvrir la dernière séquence… Boris est en amont.

— On prend l'issue de gauche. C'est la plus directe. En cas d'extrême pépin, on se replie côté sud, par le couloir qui longe la salle de consultation.

— Une fois « Caracal » sur le brancard, je lui pose la perfusion, histoire de limiter les dégâts, précise Elliot.

— Tout ça ne doit pas nous prendre plus de six minutes, vous validez, chef ?…. Hein, Capitaine ? Vous êtes là ? répète Carlos dans le vide.

Mais Robin est plongé dans ses pensées. Il tapote deux mots sur sa messagerie : « R.A.S. Milady ? » À peine envoyée, la phrase s'efface de son écran…

Il est prévu que Yasmine profite de l'entrée au bloc du chef Habib pour s'éclipser. Quelques minutes avant de quitter Salou, elle lui glisse à l'oreille : « À bientôt. Garde ton téléphone auprès de toi… » L'infirmier acquiesce, il a compris qu'il n'est pas près de la revoir. Il lui fait confiance.

Omar l'attend. En réalité, il les attend tous les deux, mais il va improviser, prétexter une urgence. Une jeune femme sur le point d'accoucher à son domicile, elle a dû s'absenter. La salle d'opération est plongée dans un silence absolu. Habib est en train de glisser peu à peu dans un coma inéluctable, son état se dégrade à vue d'œil. Il faut absolument qu'il arrête de saigner. Un enfoncement des côtes sur le flanc droit renforce les craintes du chirurgien.

— On ouvre, ordonne Omar.

Les deux hommes vont devoir trouver une solution pour le maintenir en vie.

— Où est Yasmine ? lance Omar. On a besoin d'elle.

Salou ne répond pas.

— Je reviens, s'impatiente le chirurgien.

L'infirmier observe son patron sur le point de sortir se raviser. L'essentiel est là, de l'oxygène, des poches de sang, des compresses, mais rien à voir avec les conditions d'un hôpital comme celui de Niamey.

— On perd du temps, patron ! On n'a pas besoin d'elle… improvise-t-il.

Omar a le sentiment que tout lui échappe. Il se reprend. Il sait que Walid va lui demander des comptes, qu'il faudra lui expliquer pourquoi son oncle ne va pas s'en sortir. Est-ce qu'il va l'accepter ? Omar se cale sur la respiration du blessé, histoire de faire baisser sa tension. À quoi pense Habib ? Est-il conscient de ce qui se joue ? A-t-il rejoint son fantasme de vierges, lui qui ne mourra pas en martyr s'il reste sur le billard ? Le chirurgien se penche sur lui, comme au-dessus d'un gouffre dans lequel il va falloir plonger.

— Ouvre, on va vite être fixé ! ordonne-t-il.

*

* *

— Tu vas où ? Tu n'es pas au bloc ?

Walid n'est plus derrière la porte. Il est allé fumer une cigarette en attendant des nouvelles. Il aperçoit Yasmine en train de traverser la cour déserte, elle sur le point de dépasser la guérite, il la rattrape.

— Omar m'a demandé d'aller chercher de la morphine, lui répond-elle sans s'énerver.
— Où est-ce que tu vas chercher ça ?
— J'en ai dans le coffre de ma voiture…
— Où ça ? Ta voiture n'est pas là ?
— Non, je l'ai laissée chez moi.
— C'est où, chez toi ?
— Je vis chez la mère de Salou.
— Elle est morte…
— Et alors ? J'habite chez elle…
— Omar est au courant que tu t'absentes ?

— Oui… Et puis, ce n'est pas votre problème ! se tend la jeune femme, consciente qu'elle ne doit pas le laisser prendre l'ascendant sur elle. Habib est en train de mourir, vous voulez qu'on le sauve ? Si vous voulez qu'on le sauve, il faut me laisser tranquille… Mon patron, c'est Omar, pas vous. Il m'a autorisée à m'absenter. Compris ?

Yasmine bluffe. Walid hésite. Elle entend le bruit sourd d'un téléphone qui vibre dans sa poche. Si c'est Omar, elle est grillée. Il sort son portable. Hésite à ouvrir le message. Un petit pincement des lèvres trahit une contrariété. Elle retient son souffle. Omar n'aurait pas envoyé de SMS, il aurait appelé. Ce n'est pas lui. Il ferme les yeux pour rassembler ses idées. Son groupe, basé au Mali non loin de Mopti, a été repéré par la force Barkhane. L'étau se resserre. Dilemme. Dans son regard, elle devine l'impatience d'y être. Son oncle est sans doute condamné, mais il ne peut pas le laisser. On n'abandonne pas le corps d'un guerrier. Même si d'autres vies l'attendent.

— Où est Salou ?
— Je ne sais pas…
— Appelle-le et passe-le-moi !

Yasmine hésite. Elle n'a pas de temps à perdre. Mais lui refuser, c'est justement en perdre.

— Il est sur répondeur…

Walid la sonde du regard. Elle ne laisse rien transparaître.

— Écoutez !

— Vous avez intérêt à sauver Habib, sinon je vous tue tous... Omar, Salou et toi, conclut-il le doigt tendu vers le ciel.

L'aide-soignante est déjà loin, il en faut plus pour la déstabiliser. Encore un dernier effort et elle pourra rejoindre la base militaire, non loin de Niamey. Avant cela, elle doit rejoindre Soumat par ses propres moyens où l'attend un hélicoptère du COS[1]. La nuit sera longue pour regagner la capitale.

*

* *

Salou et Omar fixent la plaie écartée. Éclatement d'une partie du foie, c'est ce que le chirurgien redoutait le plus. Pratiquer une hépatectomie droite sur trois segments, il ne peut pas. Il n'est pas en mesure de la faire : trop technique, trop lourd. Si Habib n'est pas transféré, il est condamné. Que faire ? Le laisser mourir ? Il est tenté, lui aussi, à son tour d'en finir. Lui accorder cet hypothétique sursis ? Comment expliquer tout cela à ce Walid qui succèdera bientôt à son oncle ? Dans le regard de Salou, il croit lire la même chose. En finir avec cet homme qui tue, pille et n'a que mépris pour ses congénères... Mais ce qu'on lui a appris, c'est à sauver des vies. Il n'a rien d'un combattant.

1. Le Commandement des Opérations Spéciales (COS) a été créé en juin 1992 à la suite des opérations conduites pendant la guerre du Golfe. Il existe trois grands types de missions spéciales : les missions de renseignement, d'action et d'environnement.

À cet instant, il ne pense plus, il agit. L'infirmier fixe les mains de son patron. Elles ne tremblent pas. Une hémostase ? Les mouvements sont précis. Il s'attaque l'un après l'autre aux vaisseaux en rupture, il répare tout ce qu'il peut, avec la plus grande minutie. Puis, comme il l'a appris, il place des champs stériles pour faire pression avant de refermer l'abdomen. Avec soin et sans aucune précipitation. Ça, il sait faire. Salou comprend qu'il est devenu l'otage des combattants. Quand il sortira du bloc, Walid va le désigner pour les accompagner, un pistolet sur la tempe, jusqu'à Niamey. Le destin du chef Habib est désormais lié au sien. Il repense à Yasmine et à ses recommandations. Prévenir en cas de pépin… c'est tout ce qu'elle lui a dit. Il n'a pas cherché à en savoir plus. Le transfert est peut-être sa seule chance de s'en sortir…

*

*   *

Robin questionne ses tireurs, invisibles sur le toit de la petite coopérative agricole.

— Tu vois quelque chose, Nico ?

— Depuis quatre heures, à part quelques culs de moutons, on ne peut pas dire que ça se tortille des masses…

— Sérieux, Nico…

— R.A.S., Capitaine !

— Ça ne devrait pas tarder à bouger pourtant…

— Stand-by, chef… stand-by, confirme Boris.

— Yasmine ? s'enquiert Nico.

— Elle n'est plus sur zone. Elle est en route pour l'hélico... Salou va cracher une fois qu'il sera en panique. On le traite bien. Il n'apparaît pas dans le process, O.K. ?

— Affirmatif...

— La mise en place définitive, Capitaine ?

— À tous je récapitule : Boris en appui. Le trinôme, Carlos, Luka, Elliot, en infiltration jusqu'au « client ». Récupération du colis, c'est la consigne de base. On identifie. On traite ou non, mais on récupère. Je répète, on récupère. Nico et Tom, vous tapissez la sortie. On transvase. Ronan drive. Nico, Eddy, Boris, vous finissez le travail. On s'éclate, on se retrouve à la tanière, résume Robin à ses hommes qui connaissent par cœur le process.

Le « Reçu » est général.

— C'est maintenant qu'on va compter les moutons... annonce Nico à son spotter.

— Ça marche.

Robin sait que son groupe joue gros. Encore une poignée de minutes, une heure au plus avant le top action. Salou, un peu paniqué, cherche de l'aide auprès de Yasmine. Il a compris qu'il allait être emmené avec les insurgés. Elle l'informe que Walid veut repartir avec le corps de son oncle coûte que coûte. Ils ne veulent pas l'abandonner sur place. Robin suit les échanges en direct. La nouvelle du transfert d'Habib nécessite de repenser la navigation. L'intervention prend une autre tournure. Salou est devenu l'otage de ces hommes.

Walid et Ali ne vont pas le quitter d'une semelle. Le départ est prévu dans moins de quatre heures. Robin pense à tout ça au milieu de mille autres choses. Ils sont peu nombreux. Walid et Ali sont armés. Ils ne quittent pas Habib et retiennent désormais Salou. Où est Omar ? Robin et Elliot refont le point. Le groupe se réorganise.

— Notre problème actuel, hormis Habib qui risque de ne pas faire long feu, c'est Salou.

— C'est un bon mec, on peut compter sur sa loyauté, ajoute Tom.

— Il pourrait être une bonne recrue.

— Sur Kidal ? demande Tom à Robin.

— Oui, entre autres, dans le nord-est du Mali, au Burkina, la pression remonte d'un cran depuis quelques semaines, la situation est complexe.

— C'est le Service Action qui fera sa tambouille... enchaîne Tom.

— T'as tout pigé. Les temps changent, on mutualise. Une fois c'est l'un, l'autre fois c'est l'autre, comme ça les susceptibilités sont ménagées. Pour le moment, la nôtre de tambouille, c'est de le sortir lui aussi du bordel...

Robin suit une autre tambouille à distance, sensible à plus d'un titre. Yasmine n'a toujours pas regagné son point de ralliement. Elle devrait déjà avoir atteint la zone de poser de l'hélico. Rien ne se passe comme prévu ; elle a pris du retard et a dû contourner la route principale pour ne pas se faire repérer. Pourtant, au bout de quelques minutes, son écran se rallume : « *Koban* me manque ! » Trois ans que Robin et Betty, alias Yasmine, ne se sont pas vus. Chacun dans sa vie, chacun dans sa mission. Elle, dans ses légendes, lui, dans ses opérations sur tous les points chauds du globe. Le Service Action la récupère dans quelques heures, en fin de semaine elle respirera les embruns de sa chère côte bretonne. Personne ne l'attend. Sauf peut-être Ludovic Robin, avec lequel le deal a toujours été clair.

Une tache brillante de la taille d'une pièce de cinquante centimes apparaît dans la lunette de Nico. Placé sur son toit, il contrôle toutes les entrées et les sorties du dispensaire. Il savoure sa planque. Une paye qu'il n'avait pas dégoté un si bon spot.

— De Nico à Boris : tu me vois là ?
— Négatif, t'es où mon bichon ?
— Deux doigts en dessous du minaret... Attends, je sors mon canon.

Son arme dépasse de sa planque sur deux centimètres.

— Oh oui ! sors-moi ton canon !
— T'es con !
— Là, oui, je le vois ! Vous êtes toujours aussi calibrés à « Penfen »...
— Ta gueule !
— Toi, t'as toujours le même faible pour les jumelles infrarouge...
— Exact !
— Pas besoin de me faire un dessin, je sais que c'est ton type de matos.
— Trop fort !
— Pas mal, votre camouflage...
— Tu déconnes, tu nous vois pas...

— Bah non ! Vous êtes indétectables, les gars ! Mais ça m'empêche pas de savoir exactement comment tu vas te placer, mon bichon ! T'as oublié que j'ai été ton spotter pendant un bon bout de temps ! le charrie Boris.

Allongé aux côtés d'Eddy, Nico ne décolle pas de sa cible. Son nouveau binôme depuis deux missions lui a prouvé qu'il n'avait pas à s'en soucier. Lui se contente d'un point à 700 mètres, qui se réduit grosso modo à la taille d'une allumette.

— À tous de Robin, vous m'entendez ?
— Affirmatif, chef.
— On est en place. Comment va notre petit trio de choc ?
— Ils sont pile dans mon viseur, patron. R.A.S. à moins de 200 mètres de la piaule.
— Bien reçu.
— De Boris à Ronan. Deux camions à bestiaux en stationnement à moins de 150 mètres. R.A.S. Les mecs remballent de la marchandise. On bouge pas. On attend.
— Stand-by, confirme Ronan, comme s'il figeait la scène.

Ce fameux « Stand-by » est devenu la marque de fabrique du groupe. Comme une virgule, une respiration avant l'action. Quelque chose qui voudrait dire : « C'est sous contrôle. » La poussière se soulève et rejoint une petite nappe en suspension au-dessus du dispensaire. « Ça sent l'orage », se dit Nico sans bouger d'un cil. Il fait encore presque aussi chaud qu'en pleine journée. Il reste aux éleveurs une bonne poignée de kilomètres avant de rejoindre le fleuve Niger, où les bêtes qu'ils trimbalent auront tout loisir de se régénérer… « Drôle de vie », se dit Ronan. Nico jette un œil de l'autre côté du bâtiment et informe ses camarades : « On prend son temps, les gars… Ça bouge tout doucement… » Tant qu'ils n'auront pas son « vert », les hommes de Robin ne parleront plus, n'échangeront plus. Ils se concentrent.

Posté depuis quatre heures, Nico s'imprègne de cette langueur de fin de journée. Dans un enclos, à l'étroit, un troupeau fumant et transpirant attend la transhumance, une petite musique s'échappe de nulle part, un berger attend le départ. Il ne se passe jamais rien dans ces petites bourgades. Sauf une fois l'an, à l'occasion de l'Aïd El Adha, où la petite ville se transforme en foire à bestiaux et où chaque mouton fait l'objet des plus âpres négociations. C'est pour bientôt ; en attendant, il faut engraisser les bêtes et les emmener boire à la rivière. Plus une seule femme dehors, elles sont rentrées des champs harassées par leur longue journée. La nuit commence à envelopper les bâtiments. Nico plonge petit à petit dans son monde, sans faire abstraction de celui qui l'entoure. L'écoute et l'intuition sont deux paramètres indispensables à la préparation. Tout part de l'observation et de ses capacités à réagir face au danger. Il ne s'agit plus de douter, mais d'exécuter. Un rai de lumière s'étire au loin à mesure que le soleil disparaît derrière la colline. Il en tient compte. Une rumeur monte de la rue. Il l'estompe. Un murmure léger tapisse son oreille. Cette rengaine le rassure. Si elle varie, il faudra s'en soucier. Si elle est régulière, il l'intégrera dans sa musique interne. Tout doit être borné. Il se sent parfaitement bien pour tirer. Il suffit de ce petit geste, le même geste tant de fois exécuté, gravé dans son cortex. Le mot posture a un tout autre sens pour lui. Pas d'option « replay » au moment d'appuyer sur la gâchette. Et même si la cible n'existe pas encore, il en imagine déjà tous ses contours. Il n'envisage qu'un seul résultat : l'atteindre et contribuer au tir groupé de son équipe. Il pense à Boris. Aux deux autres tireurs. Chacun sa fonction. Suivra le plan B si nécessaire, il a tous les calques en tête. Tom, Carlos, Luka d'un côté, Ronan, Elliot, Robin de l'autre. Ils procèdent séquence par séquence. Carlos entrera le premier. Puis, en quinconce, ce sera le tour de l'infirmier et de Luka, qui fermera la marche.

— On est en place, Capitaine ! murmure Carlos.
— De Boris à tous : tout est clair !
— Vert action ! lance Robin.

Libération. Dix secondes, la pile s'emballe. Vingt, la respiration s'apaise. Au bout d'une minute, tout est rentré dans l'ordre. Ils progressent un à un, au même rythme. Comme à l'entraînement, comme à Mossoul dans les décombres, ou encore dans la vallée de Bedraou lorsqu'à chaque virage ils s'attendent à une embuscade. Il n'y a pas d'échelle de grandeur dans la prise de risque. Ils peuvent tomber sous une balle à la moindre rafale.

L'accueil est désert. La pénombre a envahi tout le bâtiment. « R.A.S », chuchote Carlos, tout en indiquant à ses amis une porte d'où s'échappe un halo de lumière bleutée qu'il ne faudrait pas négliger. Une forte odeur de désinfectant leur pique le nez. Un coup d'œil. La menace ne viendra pas de là. Le pavillon des femmes est hors de portée. L'intervention est qualifiée de chirurgicale. Récupérer le chef s'il en est encore temps. La petite colonne s'engage du côté opposé. Dans le couloir sombre, personne ne rentre, ni ne sort. « C'est là que ça se passe », désigne Carlos en indiquant l'aile nord. Tout au fond, près d'une lucarne, la dernière chambre est occupée. C'est celle d'Habib. Son opération est terminée depuis plus de deux heures. Ils ne sont plus qu'à une cinquantaine de mètres de la « piaule », comme ils disent. Carlos a repéré les petits renfoncements. Au nombre de huit, ça l'avait chiffonné pendant la préparation. Des images remontent. Il les chasse… Rester conditionné. Pas de vision globale. Il l'a déjà vécu, autrefois, il y a huit ans. Ils savent ce que ça implique de se retrouver nez à nez avec le canon d'un hostile à trente centimètres. Et ne pas bouger, ils s'y sont préparés. En un coup de poignet, Elliot s'assure au passage que l'issue de secours n'est pas verrouillée. Par la fenêtre, il aperçoit Ronan qui s'avance au volant du véhicule. Ils décamperont dans quelques minutes si tout se passe bien. Le moindre bruit résonne. C'est l'enfer. Ça bouge au fond. Carlos en est presque sûr, il y a un homme qui respire à quelques mètres. Les jumelles à vision nocturne ne donnent rien. Luka fouille dans le noir. Walid et Ali ne sont pas sortis, ni par-devant ni par-derrière. Où est Salou ? À l'abri ? Espérons. Il est censé accompagner les deux hommes à la frontière. « Le renfoncement, le renfoncement », se répète Carlos. Il pense à Jonathan et à celui qui est sorti du renfoncement ce jour maudit. Il n'y avait rien à faire.

Se reconditionner encore et encore, c'est le seul moyen de repousser les pensées parasites.

Au volant, Ronan renseigne. R.A.S. Tom et Robin sont postés à l'arrière, prêts à sortir. Les rues sont désertes, la nuit sans lune a pris place et repoussé les ombres. Ça tombe bien. Et tous les moutons ont regagné les rives du Niger.

— Omar est sur le pas de la porte, souffle Boris dans les oreillettes de ses amis, je le traite ?
— Négatif, il n'ira pas très loin, lui glisse Robin.

Elliot est maintenant à trois renfoncements. Il aperçoit le bout d'une paire de chaussures et une kalachnikov posée dans le coin près de la porte. Une petite lumière verte se reflète dans la vitre de la lucarne. Un homme accroupi mate une vidéo sur son téléphone. Impossible de voir s'il s'agit de Walid ou d'Ali. Au moindre bruit, il peut s'emparer de son arme et donner l'alerte. « Stand-by », fait signe Carlos. Ils ne seraient que deux à veiller sur le blessé ? Aucune trace d'Omar. C'est le moment de neutraliser la sentinelle. Trois contre un. En théorie, ça ne devrait pas poser de problème. Une fraction de seconde mal gérée et le simple rapt se transforme en bain de sang. En plein hôpital, on appelle ça une grosse bavure. À ce stade, ils n'en sont pas à se demander ce qui est le mieux, mais ce qui est le moins pire. Entre-temps, les autres soignants peuvent venir vérifier l'état du patient. Jusqu'à preuve du contraire, il est toujours vivant. Même si sa vie ne tient qu'à un fil. Carlos se répète en boucle : pas de collatéral, pas de collatéral… on le leur a suffisamment répété. L'achever ? Uniquement s'ils y sont obligés…

— De Boris à Robin : Omar quitte l'hôpital, je répète, Omar quitte l'hôpital.

Elliot se poste de l'autre côté, par précaution il coupe son micro. Il est presque collé à la sentinelle, pile dans son axe de tir. S'il ne bouge pas, elle ne le verra pas. Il est habitué à rester immobile, indétectable. L'homme scrolle frénétiquement sur l'écran de son téléphone. Elliot estime à un mètre cinquante la distance qui sépare Ali de sa kalachnikov. Assez pour qu'il n'ait pas le temps de s'en emparer. Carlos tend l'oreille. Combien sont-ils à l'intérieur ? Un ? Peut-être deux… Un rectangle de lumière se projette de l'autre côté du couloir et se fixe sur la paroi. Il s'en est fallu de peu pour que l'ombre d'Elliot ne se détache. S'il bouge, le cliquetis de son mousqueton mal fixé va les trahir. La porte s'ouvre. La voix de Walid s'échappe de la pièce. Le jeune homme le rejoint. C'est peut-être le moment de s'engouffrer avec lui et de les neutraliser par surprise ? Carlos ferme le poing : « Stand-by. » La porte reste entrouverte. Deux voix résonnent. Traiter les deux ? Pourquoi pas. Ce sont clairement des hostiles, donc des cibles à éliminer. Ils ont déjà pas mal de sang sur les mains. Ils sont armés, prêts à en découdre. Au moindre geste offensif, le trinôme est prêt à riposter. L'ennui, c'est Omar. Ils n'ont pas d'info, les liaisons avec l'extérieur sont coupées. Où est-il ? Il peut revenir à tout moment vérifier l'état de son patient. Luka s'est collé à Carlos, son arme en joue, juste décalée de ce qu'il faut de son épaule.

Elliot est prêt à vider son chargeur sur l'homme dans l'ombre. Il s'est placé dans l'angle, en bout de couloir, mais à distance du canon. Ali quitte brusquement la chambre. L'opérateur se jette sur lui, le plaque au sol et lui cale un genou dans la tête. Plus moyen de faire un geste.

— De Robin à tous : pick-up hostiles en approche. Je répète, quatre véhicules en approche avec armes lourdes. On ne traîne pas, les gars ! Apparemment, Walid a pris les devants.

Habib doit être enterré en héros, parmi les siens. Hors de question que l'ennemi le récupère. Ali tire en l'air, il ne maîtrise plus la kalach qu'Elliot tente de lui arracher des mains. Il s'accroche, ne lâche rien. Les balles font exploser la lucarne et entament la porte d'en face. Elliot le plaque au point de l'étouffer, il ne bougera plus. Carlos dégoupille sa grenade. Il la lance tout au fond de la pièce.

— Tu vas sortir, connard !

Après une grosse explosion, l'odeur de poudre envahit le couloir. Plus un bruit, plus un geste. Le chef de mission avance. Un corps immobile est allongé sur le lit. Carlos ne le quitte pas des yeux. Luka scanne la pièce de bas en haut, de droite à gauche. Personne. La fenêtre est entrouverte. Où est passé Walid ? Un coup d'œil dehors. Rien. En une fraction de seconde, le corps allongé sur le lit se dresse et vide sa kalach sur les deux opérateurs. La pièce est criblée de balles. Carlos a juste le temps de faire un retrait dans le couloir, Luka plonge sous le lit. Il est à la merci du tireur. Dans le cadre de la porte, Robin lui niche une balle en pleine tête.

— C'est Walid ! s'exclame Carlos.

— Bordel de merde ! J'en ai pris une dans la jambe !

— Elliot ! Occupe-toi de Luka !

Robin repart avec Tom. Où est caché Habib ? Rien ne bouge à l'étage… « Ils ne l'ont pas déplacé. C'est au bloc que ça se passe ! » se dit Robin. Il compte sur Boris pour gérer les entrées et les sorties à l'avant du bâtiment. Tant qu'ils n'ont pas mis la main sur le chef, leur mission n'est pas remplie. Robin et Tom progressent lentement. Ils disposent d'une poignée de minutes. À ce moment précis, ils entendent une petite voix chuchoter :

— C'est par ici, je suis Salou, l'infirmier… Venez, il est là…

Un piège ? Méfiance… se dit Robin.

— Où est Omar ? teste-t-il

— Je lui ai dit de partir, il avait peur pour sa famille. Walid ne voulait plus qu'on bouge d'ici… Je lui ai dit que je m'occupais d'Habib…

— Il en est où ?

— Omar a fait des miracles, mais sa vie ne tient qu'à un fil !

— Nous aussi ! On sort d'ici ! On tente l'impossible !

— À Niamey, il peut être sauvé…

Collé derrière le binôme, Salou progresse péniblement avec le brancard. La colonne traverse l'hôpital. Dans son oreillette, Nico continue de le renseigner. Le convoi de pick-up est à quelques kilomètres au nord. Il va falloir s'arracher vite fait. La zone de poser de l'hélicoptère vient d'être confirmée, elle est à moins de deux kilomètres au sud. Ça tombe bien. L'équipe du module de chirurgie vitale les attend. Elliot s'occupe de Luka. Salou va les accompagner.

— Les T.E., vous couvrez notre sortie en cas de rebelle isolé, je fais le décompte dans une minute ! lance Robin.

— Bien reçu, Capitaine ! confirme Nico.

Boris a laissé filer Omar. Il sera toujours temps pour les autorités nigériennes de se pencher sur ses fréquentations. Pour l'heure, il doit récupérer les deux ESNO perchés sur le toit de la coopérative. Ils s'exfiltreront ensemble jusqu'au rendez-vous hélico, par leurs propres moyens. Elliot, Luka et Carlos ont rejoint le véhicule.

— On vous voit ! renseigne Nico.

— R.A.S. à 360 ! ajoute Boris

— 5, 4, 3, 2... Go Go Go !

Robin s'élance, Salou pousse le brancard, Tom ferme la marche en prenant soin de surveiller ses arrières. Les portes s'ouvrent, juste le temps d'embarquer le blessé et les commandos restants. Ronan démarre à toute allure, tandis que Tom ouvre sa radio...

— Robin à MCV : Caracal est anesthésié ! Je répète : Caracal est anesthésié ! Prendre les dispositions médicales pour évacuation et réception à Niamey !

— Ici le 101 Niamey, tout est prêt, on vous attend.

Tandis que Robin savoure sa prise de guerre, Salou réalise que, enfin, une autre vie l'attend.

SAUVER « MAKO »

Djibouti. Sur la voie de l'Inconscient. Zone désertique.

Quelques faibles rayons de lune percent la tempête de sable qui balaie l'Inconscient[1] depuis plusieurs heures. Tom garde la plateforme du gros rocher comme on protège une citadelle. Nico et Eddy récupèrent de leur incursion en zone ennemie. Quatre jours qu'ils l'ont investi, ce rocher perdu au milieu de cette forêt désertique de parois truffées de caches. Le face-à-face est tendu, personne ne cède une once de terrain. Les uns rationnent l'eau, quand les autres entament leur maigre réserve de viande séchée. Quelques pâtes d'amande traînent encore dans les sacs et feront la différence entre les deux camps. Leur retour à Lorient est prévu dans quelques jours. C'est la dernière ligne droite.

— On les laisse encore un peu mariner, chuchote Robin à Max qui retient Lucky d'une simple pression de la main posée sur son flanc.

1. L'Inconscient est une voie d'escalade située sur la piste des Mariés reliant Arta à Arta-Plage, créée par le Commando de Monfort.

— Stand-by, confirme le maître-chien, modèle de patience.

Lucky lève la truffe, plonge son regard dans celui d'Elliot et se tourne à nouveau du côté de la cible. Il va falloir attendre, encore et encore.

— Me dis pas que tu crois encore au Père Noël, Bidou ?
— L'espoir fait vivre…
— C'est mort… l'avertit Nico, sur un ton résigné.

Tom aurait aimé prendre enfin sa petite Léa dans ses bras. Mais cette année encore, Noël se fêtera sans eux. En quittant la base, il espérait encore boucler à temps la mission. Quant à Eddy, il serre les dents, comme à chaque fois qu'il loupe l'anniversaire de son fils, qui souffle cette année ses cinq bougies. « Même pas une fenêtre de tir pour en mettre un autre en route ! C'est quand même un comble pour un snipper, non ? » Nico sourit, il ne se pose plus ce genre de problème. Pour une fois, Robin serait bien rentré. Son chien Tuck n'est plus de la première jeunesse, et puis il y a Betty qui vient d'être exfiltrée… À Lorient, la liste des nouveaux brevetés devrait bientôt tomber. Henry flaire les « hauts potentiels », comme il les appelle, mais rien ne vaut le coup d'œil de la première corde que les bleus s'apprêtent à grimper, des premiers rappels dans la cuve sèche, des pas de géant où l'on se fracasse sur le mur d'en face, de l'instinct de camaraderie qui émerge ou pas. Est-ce que Sam s'est remis de ses blessures et a enfin intégré un Commando ? Est-ce que le chat sauvage continuera ses rondes nocturnes ? Dans quelque temps, un nouveau « Bidou » remplacera Tom au sein du groupe. Son protégé mérite largement de monter en gamme. Devenir un frère d'armes à part entière, ça se mérite, maintenant il fait bloc avec ses co-équipiers. Robin scrute la paroi, sent l'ennemi, mais ne parvient pas à le localiser précisément. « *Good job !* » se dit-il. Chacun profite des dernières heures de la nuit pour échafauder le meilleur scénario. Après, il faudra à nouveau s'enterrer et attendre le moment propice pour lancer l'assaut. Face à eux, d'autres amas chaotiques abritent les « hostiles », cachés dans ce paysage monochrome. Tom est en fin de chargeur, mais soulagé. Parcours sans faute pour le moment.

— Il monte en puissance. Je le savais... se réjouit Robin.

Rien n'est joué. « Être et durer », Tom garde en tête la devise d'Henry qui n'a de cesse de la répéter à tous les candidats au béret vert. Depuis son arrivée chez les Commandos, il encaisse les chocs, accepte ses échecs, se remet en question sans se décourager. Le collectif comme objectif.

— Tu as logé le client ? demande Nico.
— J'ai ma petite idée...
— Regarde les taches, Bidou, à deux doigts du sommet...

Tom plisse les yeux.

— Ah oui, t'as raison, ça gigote sur la paroi...
— Ça rampe à dix heures, tu vois ? ajoute Eddy.
— Ça décampe... confirme Nico.

Tom compte…

— Un, deux, trois…

— Et le quatrième ne bouge pas, précise le tireur.

— Oui… je l'ai ! Il a toujours son sbire qui ne le quitte pas d'une semelle…

— Les autres…

— … vont l'exfiltrer… tu paries ?

— Ils nous ont peut-être repérés.

— Ou pas…

— À mon avis, c'est du bluff, parie Eddy.

— Au fond, t'as le boss… précise Tom.

— Qu'est-ce qui te fait dire ça ?

— C'est le seul à jamais bouger.

— Affirmatif, Bidou, t'as tout pigé.

— On va les plaquer au sol…

Patient, endurant, vif. Tom a appris à regarder sa peur en face. Il innove, invente maintenant, évalue le bénéfice par rapport au risque, il a été accepté au sein de l'équipe des tireurs. Il a rejoint les ESNO. Comme ses frères d'armes, il ne joue pas les kamikazes, il se contente de les traquer. Toute cette énergie, ce partage, cette fraternité ont canalisé sa fougue. Ces derniers jours, avec Nico et Eddy, ils ont testé les Chey Tac[1] sur plusieurs centaines de mètres. Il a surpris les tireurs par sa patience et sa précision. Il a observé Nico dans ses rituels, ses astuces, ses recentrages. La planque des hostiles est à cent mètres, ils en ont une vision en 3D sans y avoir mis les pieds.

1. La munition 408 Chey Tac est une cartouche destinée au tir de précision à longue distance pour le fusil américain CheyTac M2000 Intervention.

— On dispose de tous les éléments pour l'assaut final... avance Nico.
— C'est pas la feuille de route, le coupe Tom.
— Exact.
— On lève le camp avant que ça bouge de l'autre côté ? hésite le jeune commando.

Nico le questionne du regard. Et si... Le jeune homme ne cille pas.

— O.K. ! T'as raison.
— Bientôt tu ne pourras plus m'appeler comme ça, tu sais ?
— Alors j'en profite encore un peu, Bidou !

Plus aucune trace de leur passage, les quatre hommes ont nettoyé méthodiquement le bivouac et replié leur matériel. Pendant trois jours, ils ont collecté suffisamment d'infos pour débarrasser la zone d'une poche « rebelle ». Tom fixe son rappel, jette un œil sur ses coéquipiers, marque une seconde et disparaît dans le vide. Souple comme un chat, il dévale une trentaine de mètres et atterrit en douceur sur une petite plateforme en contrebas. Le vent s'est calmé. Il tire deux coups secs sur la corde et s'aventure plus bas. « C'est touchy », se dit-il. L'entrée de la grotte qu'il veut atteindre est *décalée sur quatre mètres*, une fine bande de pierres d'une largeur de trois phalanges va lui permettre de poser la pointe de son pied et de longer la face nord à l'abri des regards. « Rentrer dans la matière, aussi dure soit-elle... » Tout autour, la nuit s'étire, menaçante. Et ce fameux coup de vent qui risque de le déporter à chaque instant. Au-dessus, Nico le talonne. Il s'approche ; à deux ou trois reprises, il perçoit le frottement de ses semelles contre la pierre. Eddy fixe la cible au loin. Ils communiquent à distance avec ce seul fil d'Ariane. La dernière portion est la plus délicate, mais la plus excitante aussi. « Si j'avais su qu'un jour… » se dit Tom. Les parcours « Assaut », « Commando », « Jungle » ressurgissent. Il revoit Samuel et sa patte folle, lui et son épaule en vrac, Henry et ses coups de pression qui foutent la rage. Il ne l'a pas lâché, il l'a bien formé. Sa jambe se balance, l'extrémité de son pied cherche la meilleure aspérité. Une prise, une seule. Manquée. Il est peut-être trop haut ? Ou pas assez ? Vise ! Vise ! Encore un petit mètre. Encore une fois, la dernière. Il prend son élan. Ça passe ou ça casse. Ouf… Deux phalanges, puis une main. Il tracte avec ses bras, son vieux défaut qui revient. « T'es vraiment un bourrin… » Henry ne serait pas content. Mais ça passe… « T'as le cul bordé de nouilles, peau d'rien ! » croit-il entendre… Merci, Henry… Il cale son pied, tend son bras et tire à en réveiller ses tendinites. « Lorient, c'est si loin… » Plus tard. Ne pas y penser. C'est pas le moment. Encore une petite plateforme avant d'atteindre la grotte et là, il pourra souffler le temps que ses camarades le rejoignent. La corde se tend, un, puis deux tireurs. « On a fait le plus dur », lui indique Nico qui est déjà passé par là. Au sol, le sable instable se dérobe sous leurs pieds. Ils slaloment habilement entre les blocs. « Fais gaffe, c'est merdique pour les chevilles », lui glisse Eddy. Difficile d'évaluer les distances dans ce chaos de rochers. Les dos souffrent. Le matériel est toujours trop lourd. Ils doivent encore traverser une dizaine de mètres à découvert. Tom plisse les yeux, le premier rayon du jour pointe sur la ligne d'horizon. « Go ! »

Le chef rebelle est localisé, Eddy transmet les coordonnées à Carlos, Luka et Merlin en temps et en heure. À eux de traiter. Ils ont fixé leur point de rencontre à une heure de marche, plein sud. Un Puma les attend. Robin cherche la faille. R.A.S. « Ils ont tout bon », songe-t-il. Trois jours et quatre nuits que ses hommes ont disparu des radars. La radio crépite, Robin rompt le silence.

— À tous ! L'exercice est terminé. Le Puma nous récupère dans quinze minutes au pied de la voie de l'Inconscient !

— On finit pas le travail, Capitaine ? s'enquiert Carlos, en partie dissimulé sous un chèche couleur sable.

— Désolé, Carlos, mais pas le temps. Y'a du nouveau du côté d'Hodeïda. Les mortiers reprennent du service. On a peut-être localisé « Mako ».

— Kim et Ari ?

— Ils grenouillent au large de At Tarfah, avec une douzaine de nos mecs. Ils fouillent de fond en comble le port de Salif...

La nuit s'est diluée dans les flots de la mer Rouge, les nageurs d'Hubert se laissent tracter tout doucement, à la vitesse d'un petit moteur de tondeuse à gazon. Une masse sombre s'élève à une trentaine de mètres, un long tunnel dont ils ne voient pas le bout. C'est l'entrée du port de Salif, tout près d'Hodeïda. Ari repère les balises et vise la gauche du chenal. Ils se rapprochent tout doucement du secteur des bateaux de pêche qui osent encore s'aventurer en mer. L'activité marche au ralenti depuis quelques années, le risque est élevé, entre les pirates qui les dépouillent et les dommages entre Houthis[1] et forces gouvernementales, malgré le cessez-le-feu. Sur terre, Boris balade ses drones, à l'affût du moindre mouvement suspect… Ses investigations se concentrent du côté des silos de céréales convoités par toutes les factions et réputés minés par les rebelles. « L'aiguille est dans cette botte de foin, à nous de la repérer et de l'extraire… » songe-t-il en scrutant un petit groupe de trois hommes qu'il a repéré et qu'il voit depuis quelques jours faire des allers-retours entre le rivage et les entrepôts.

L'aiguille à trouver dans la botte, c'est Pierre Blondin, alias « Mako », un des meilleurs experts français en hydraulique, disparu depuis trois semaines au nord de Sanaa, la ville tenue par les rebelles. Il a quitté son hôtel pour une station hydrique située dans le district d'Al Mina… et s'est volatilisé. Il a profité du cessez-le-feu avec les forces loyales au gouvernement d'Aden pour aller dresser un état des lieux d'une station d'épuration endommagée par les bombardements alliés. Son cheval de bataille : venir en aide aux populations en rétablissant des circuits d'eau sous forme de fontaines-citernes roulantes. Le choléra s'étend, galope et décime la population, à commencer par

1. Houthis : du nom de leur dirigeant Hussein Baddredine Al Houthi et ses frères, membres d'une organisation armée, politique et théologique zaïdite, opposés au gouvernement de la République du Yémen et revendiquant la région de Sa'dah et le nord-ouest du pays, initialement le Royaume mutawakkilite de 1962 et à terme l'Imamat zaïdite. La branche politique, Ansar Allah, est dirigée par Saleh Ali al-Sammad.

les enfants. Le Yémen[1] s'efface peu à peu de la carte du monde. Blondin est l'un des rares Occidentaux à poursuivre l'aide aux populations prises en étau entre deux forces, soutenues d'un côté par la coalition, avec l'Arabie saoudite à sa tête, et de l'autre par l'Iran. Guerres fratricides, mauvais choix politiques et économiques ? « L'Arabie heureuse » est devenue en quelques décennies un pays exsangue, dévasté par la famine et décimé par la guerre et la maladie. Blondin veut sauver Hodeïda, Sanaa, Taez, faire en sorte que l'or bleu parvienne à nouveau dans toutes les maisons, les hôpitaux, les écoles. Il a profité d'un cessez-le-feu entre les deux camps pour se rendre sur place dans le sillage des humanitaires, et tente de faire avancer son projet de « caravanes-citernes » auprès de tous les chefs de tribu de bonne volonté. Cette mission était-elle mal préparée ? Trop risquée ? Prématurée ? Il a hésité, il a tenté, il a perdu. Les tensions ont repris trop tôt. Il a disparu dans un *no man's land*, entre le port de Salif et la porte nord d'Hodeïda. Son dernier message était destiné à son associé : « On sera rentrés à l'hôtel dans trois heures », puis il a coupé son portable. Seule certitude : sa voiture a été vue sur un des nombreux checkpoints situés aux portes d'Hodeïda, mais impossible de savoir s'il faisait partie des passagers. Depuis, plus rien. Ni revendication, ni signe de vie depuis plusieurs jours. Qui a bien

1. La République du Yémen date de l'unification en 1990 de la République démocratique et populaire du Yémen (Sud – obédience chiite) et la République arabe du Yémen (Nord – obédience sunnite). Dichotomie forte qui crée des conflits depuis sa création.

pu l'enlever ? Des membres d'AQPA[1] ? Pas leur mode opératoire. La piste Houthis ? Les forces gouvernementales ? Ni les uns ni les autres n'ont intérêt à se mettre dans ce bourbier, au moment même où ils sont en pourparlers avec l'ONU. En revanche, mettre sur le dos de l'autre l'enlèvement, pourquoi pas ? Un chef local lié au trafic d'armes ? Plus que probable… Le groupe travaille depuis Djibouti sur plusieurs scénarios, trie les intox et glane les infos via quelques « cousins », fiables par le passé… Robin pense à un échange contre des armes provenant d'un réseau libyen… Un billard à trois bandes avec un pays voisin, pourquoi pas ? Mirage 2000 et avions légers assurent une surveillance aérienne sur une zone maritime qui s'étend jusqu'au Soudan et traverse la mer Rouge. Le temps presse. Malgré le cessez-le feu, les combats reprennent sporadiquement mais violemment, aucune zone n'est épargnée. Entre le Yémen et Djibouti, une quarantaine de kilomètres séparent les deux côtes. L'ingénieur s'est volatilisé, les commandos doivent le retrouver et l'exfiltrer en toute discrétion et loin du pouvoir de Sanaa.

*

*   *

— Ma tête… putain… j'ai tellement mal… Je suis où ? Ils sont venus me chercher pendant la nuit pour me changer de lieu… et puis… plus rien, je ne me souviens plus de rien… Ils m'ont drogué pour me transbahuter. C'est quoi, ce lieu ? Et cette odeur…

1. Al Qaïda dans la péninsule Arabique et plus localement, Ansar al – Charia (AAS)

Blondin ne sait pas depuis combien de temps il est là, enfermé, groggy. Son dernier repas devait être bourré de somnifères. Trois lieux en quelques jours. Il touche son visage. « Peut-être quatre, ou cinq jours que je ne me suis pas rasé... » Pourquoi l'a-t-on encore déplacé ? Et qui ? La balance, au départ, Fayçal, son interprète ? Ou bien Adji, alias le « Maître de l'eau » ? Toujours les mêmes questions qui reviennent et aucun visage familier... Il a été probablement échangé ? Qu'est-ce qui s'est passé pendant cette visite qui a mal tourné ? Il a croisé ce groupe armé, avec un chef à sa tête, il ne l'a pas lâché des yeux. Lui n'a pas voulu baisser les siens, emplis de haine... Il y a aussi eu ce défilé de paysans qui sont venus l'écouter sagement parler de la maîtrise de l'eau. Il s'est peut-être trop attardé ? Il aurait dû filer quand il a cru reconnaître ce chef. Mais il voulait convaincre tous ces hommes de passer à autre chose que la culture du khat. À ce moment-là, il n'a pas marqué de point. Il a été lâché. Tout a basculé. Il ferme les yeux et revoit les visages qui se ferment, le ton qui monte. Certains pointent vers lui un doigt menaçant quand d'autres quittent la maison d'Adji. Trop tard... Deux d'entre eux s'en vont. Là encore, il aurait dû s'éclipser. Une rumeur dit que des hommes de la tribu des Hached sont dans les parages... Le Maître de l'eau cherche un soutien auprès des agriculteurs présents, mais plus personne ne l'écoute... « Ça pue, se dit le Français, je suis lâché. » Il cherche son interprète pour comprendre... « *Where is Fayçal ?* » Pas de réponse. Un SMS, puis deux. « Je suis en danger », tapote-t-il instinctivement à son associé resté à Hodeïda. Fayçal réapparaît, nerveux, lui fait signe de le suivre.

— T'as déconné, Français. Le khat, ça nous rapporte quatre fois plus que le blé, l'orge ou le tabac ! Et toi, tu veux nous appauvrir et nous enlever notre seule richesse, lui aboie son interprète en le tirant par la manche.
— En attendant, vos enfants crient famine !
— Allez, viens ! Il faut partir !

Le ton n'est plus le même. Il y a quelque chose qui cloche. Une mise en scène ? Et si toute cette embrouille était montée de toutes pièces ? L'ingénieur fait un tour d'horizon. « Les rats ont quitté le navire », se dit-il. Trop tard, il fait nuit noire. « Quel con ! » Sa gorge se serre. Plus le temps de rentrer à Hodeïda...
— Pourquoi vous me faites partir si tard ? Vous savez bien qu'on n'est pas en sécurité sur cette route à la nuit tombée ? Vous croyez vraiment que c'est une bonne idée de repartir, Adji ?....
— Parce que tu crois que t'es en sécurité ici ? Allez, dépêche, fais ce que je te dis ! lui ordonne Fayçal.

L'interprète a changé de ton. Blondin monte dans le pick-up, ce n'est pas son chauffeur habituel. Un homme surgit par l'autre portière et s'assied sur la banquette arrière. Demi-tour. Une grosse masse l'empêche de fuir. Il est poussé au centre. Une clef de bras le fait plonger vers l'avant, on lui enfonce une cagoule sur la tête. Plus de son, plus d'image...

*

*   *

— Tu vois quelque chose d'ici ?

— T'as un mec sur l'embarcadère qui fait les cent pas. Il est nerveux, il renseigne le pick-up à dix heures. Ça bouge près du silo 2. T'as le conducteur dans ton viseur ? interroge Eddy.

— Affirmatif, confirme Nico. Ça planque. Ça charge à côté de la citerne, les mecs se servent.

— Pas sûr qu'il ait le temps de la fumer jusqu'au filtre sa clope...

— Vert ?

— Pas encore... Capitaine ?

— Stand-by...

— Robin, t'es sur zone ?

— Une petite minute et on aura les bons yeux... confirme le droniste.

— Ari et Kim sont sous le ponton. Ils matent la sentinelle, bien à la verticale. Ils tapissent, renseigne à nouveau Eddy.

— T'as de bons yeux, tu sais, mon spotter... songe Robin. Pas de Mako en vue ?

— Négatif, Capitaine.

*

*   *

Blondin n'a pas échangé avec ses nouveaux ravisseurs. Comme tous les soirs à la tombée de la nuit, l'un d'entre eux lui dépose un morceau de poisson cru et un peu de riz. Et puis, il tourne les talons. Un rai de lumière lui laisse entrevoir une autre pièce juste en face, mais il n'a jamais le temps de voir ce qu'il y a au bout de ce couloir.

Des animaux grattent le sol de l'autre côté de la paroi. Des sacs récupérés des greniers à céréales sont sous embargo, depuis que les bombardements ont repris. Il a compté. Ils sont trois à le garder. Un grand maigre, obligé de se plier en deux lorsqu'il passe l'embrasure de la porte, un petit maigrichon qui pourrait être un adolescent et une grosse masse dégueulasse qui ressemble à celui qui l'a poussé sur la banquette arrière le jour de l'enlèvement. À part ça, il pourrait se sentir oublié, si quelques cris de corbeaux ou de goélands, relayés par l'odeur des carcasses de poissons charriée par le vent, ne lui indiquait la proximité de la criée. Il caresse désormais sa barbe de quelques jours, moins drue, épaissie. Coupé du monde, le moindre bruit qui lui parvient de l'extérieur lui fait l'effet d'une promesse. Il se souvient des heures passées à manger du poisson grillé en contrebas d'un embarcadère, mais ça, c'était avant la guerre. Son vieux rêve de vivre des jours heureux dans ce pays s'est envolé. Du statut d'humanitaire, il est devenu une monnaie d'échange pour ceux qu'il était venu sauver. Les accords de paix volent en éclats, les combats reprennent. Ce soir ne ressemble pas aux autres, il sent une forme de fébrilité. Des mots lui parviennent de l'autre côté de la porte : « Hajjah », « Katyusha »... Un visage, celui d'un cheikh, lui revient à la mémoire. Impossible de retrouver son nom.

*

* *

Sur un toit qui domine une partie de la côte, à huit cents mètres environ de la criée bientôt désertée, Boris ne quitte pas son écran des yeux et finit d'analyser toutes les données qui affluent. Tom et Eddy fixent les silos...

— Ça bouge... et c'est par là que ça se passe, indique Eddy.
— Tu vois les bandes de rats qui s'échappent du hangar ? lui soumet Tom.
— Et... les trois mecs à deux heures ? renchérit le spotter.
— Ils sortent par la porte sud... Ça fait trois jours qu'ils passent une partie de la nuit dans le bâtiment à charger des sacs.
— Qu'est-ce qu'ils trafiquent ?
— Ils retournent du côté de l'embarcadère...
— On va lui coller un Phantom[1] aux basques.
— C'est prévu, l'engin décolle dans trente secondes du gros silo juste en face...
— Tu le suis jusque dans son rafiot, Bidou...
— O.K., chef...
— C'est là que Fayçal a été aperçu pour la dernière fois... tapote Robin en conversation cryptée avec ses trois hommes.
— Le terrain est bien dégueulasse, lui répond Merlin, posté sur un point plus haut avec Carlos et Luka.
— De Robin à Merlin : tu nous scannes la zone avec Boris, histoire qu'on ne revienne pas les pieds devant...

Les spécialistes de Kieffer ont quelques heures pour fouiller le dernier bâtiment, repérer les mines

1. Microdrone de gamme commerciale doté d'une caméra ultra HD

et localiser Blondin, nom de code « Mako ». Ils ont bon espoir d'avoir isolé la planque. Le quadrillage a été pénible. Quatre « Phantom » surveillent la zone. Le repérage a permis de noter un changement d'activité dans le dernier silo déserté par les ONG depuis le regain de tension entre les Houthis et les forces régulières basées à Aden. Plus moyen pour la population de récupérer des sacs de céréales depuis plusieurs semaines… Le bruit a couru qu'une femme a perdu une jambe en sautant sur une mine la semaine dernière. Elle était venue se servir, moyennant quelques rials de bakchich. Le site est bouclé, sauf pour cette poignée d'hommes qui font des allées et venues du côté du port de pêche. Qu'est-ce qu'ils trafiquent ? Robin et Tom ont intercepté une conversation faisant état d'une livraison prévue dans les jours qui viennent. Mardi, c'est le retour de la pêche au gros après trois semaines intenses. À bord, des poissons, et pourquoi pas autre chose en provenance de l'autre rive. Après tout, elle n'est qu'à 160 milles nautiques. Pourquoi pas un échange, mais de quoi ?

— Ou de qui ? s'interroge Robin, en liaison avec la surveillance des côtes à haute altitude.

— Tu crois que Blondin est déjà exfiltré ? avance Boris.

— Le périmètre de surveillance a été étendu jusqu'aux côtes érythréennes…

— Il reste la parfaite monnaie d'échange pour un groupe qui voudrait se réarmer sans passer par une voie officielle quelconque… Ni Houthis, ni forces loyales… Un petit trafic, pourquoi pas venu de Libye ?

— C'est un peu une marotte, non ? ajoute le droniste.

— Sur les derniers repérages, on a une concentration inhabituelle de pêcheurs du côté de l'île de la Grande Hanish...

— Reste à savoir si notre ingénieur a déjà quitté le Yémen...

— Où tu voudrais qu'on l'embarque ?

— Peut-être qu'il pourrit tout simplement dans la cale d'un vieux rafiot...

*

*   *

Huit cents mètres séparent le marché aux poissons de cet entrepôt suspect qui stocke une partie des réserves sous embargo... Blondin avait entendu dire que la zone avait été minée. Par qui ? Des Houthis ? Des bandits sentant le vent tourner et désireux de ne pas laisser le pouvoir central disposer de l'arme principale : la nourriture.

— Y'a bien un mec de chez vous qui parle anglais ? Combien de temps vous allez me garder dans ce trou à rat ? Quand est-ce que je change de crémerie ?

Quand il n'en peut plus d'attendre dans la chaleur de son réduit, Blondin tambourine sur la porte. Il a tout tenté pour établir un contact avec ses ravisseurs mais rien n'y a fait. « Ils ne savent peut-être même pas qui je suis et ce qu'ils doivent faire de moi... » se dit l'ingénieur, lassé de passer de main en main comme une vulgaire monnaie d'échange. Il se doute qu'on cherche à faire monter les enchères, mais le temps presse. Les tensions se ravivent dans la région, les tirs de mortier reprennent et les entrepôts peuvent être une cible intéressante à atteindre. On doit le rechercher, c'est sûr... Mais qui va le sortir de là ? Il sent d'heure en heure une certaine fébrilité dans les rares moments où l'on vient lui apporter de la nourriture, il en est sûr, il est sur le départ pour une autre destination. Comme si le groupe qui le détenait avait pris conscience de ce qu'il pouvait en tirer. Comme si un marché s'était enfin conclu. La porte s'ouvre. Une ombre se penche sur lui. Il reconnaît Fayçal. L'homme lui met la main sur la bouche, ce qui veut clairement dire : pas un bruit. Il a laissé la porte ouverte, c'est le moment.

*

* *

— Tu vois quelque chose ? demande Elliot, qui compte sur le droniste pour le feu vert.

— Franchement, c'est merdique...

— C'est notre lot quotidien, tu m'apprends rien.

— À vue d'œil, c'est tout ce qu'on n'aime pas...

— Ça te rappelle pas quelque chose ?

— Si... Mossoul, oui...

— Même configuration.

— On pouvait rien faire...

— On n'a rien vu venir surtout...

— Comment on aurait pu voir venir quoi que ce soit ? Tes mecs étaient sous la terre, indétectables... Même Lucky n'a rien senti...

— Ils ont eu un coup d'avance ce jour-là...

— Ça ne se reproduira pas.
— Plus jamais ça.

Merlin tente de chasser l'image de Cédric et Alain, ses deux camarades nageurs tombés lors d'une libération d'otage, non loin de leur dernière opération Caracal. Leurs deux cercueils reliés par une sangle, pour symboliser leur lien éternel. Se reconcentrer. Le spécialiste EOD et le droniste contournent le bâtiment plongé à nouveau dans le noir le plus complet. Au loin, une poignée de retardataires enroulent les derniers filets de pêche et nettoient sommairement la dalle de la criée recouverte du sang et des entrailles du banc de poissons grossièrement découpés qui a eu le malheur de croiser leur route. Des restes trop longtemps exposés au soleil renvoient des effluves nauséabonds jusque dans les entrepôts.

— Ça pue ! On sort vite Mako de son bourbier avant que je te gerbe dessus…
— T'as raison… Ça me dégoûte ! Et tout ça pour quelques bites en bois qui croient qu'en se gavant d'ailerons de requin, ils vont se refaire une virilité ! Quelle bande de guignols !
— Tu ne changes pas, mon Boris ! Je te vois bien te reconvertir en activiste écolo dans une autre vie !
— Je finirai plutôt en ermite à sauver des animaux sauvages…
— Tu ferais le bon binôme avec Ari !

— Remarque, un petit centre de plongée aux Galapagos, je dis pas non…

Boris fouille du regard les abords de l'entrepôt. Personne... Et si celui qu'ils désignent sous le pseudo de « Mako » avait été déplacé ? L'échange doit se faire dans les soixante-douze heures. Un bateau en provenance des côtes soudanaises est rentré dans les eaux yéménites. Il ne transporterait pas que du poisson... Les nageurs d'Hubert ont pour consigne de ne pas quitter leur position et de repérer les bateaux qui se rapprochent un peu trop près de Salif. Aux abords du bâtiment, personne. Pas un bruit, si ce n'est celui d'une petite dizaine de rongeurs qui s'échappent du toit par la gouttière. Les mouettes sont allées se coucher. Merlin indique une petite trappe sur le côté. Un bon moyen d'introduire un de ses robots, de scanner en détail l'endroit sans se faire repérer. Boris suit simultanément un autre engin envoyé du côté des dhows[1] parqués dans la zone de la criée.

— Ari de Robin, ça bouge ?

— Affirmatif. Je ne perds pas une miette, songe le nageur.

— Ça va faire quatre heures que le Rover est de sortie. Retour au bercail, tout est dans la boîte.

23 heures sur l'écran de Kim. Ça laisse du temps au tandem pour s'assurer que Mako est bien retenu dans cette petite annexe. Un avion de surveillance vient de localiser un bateau qui fait des ronds dans l'eau. Pourquoi n'a-t-il pas rejoint le port et livré dès ce soir sa marchandise ? Ses filets sont relevés. À quai, toutes les embarcations

1. Type de voilier arabe traditionnel originaire de la mer Rouge

ont été fouillées par les nageurs de combat. Les pêcheurs sont rentrés dans leur foyer le temps d'un repos de courte durée. Deux points et une suspicion de convergence. La frégate *Lafayette* enregistre le moindre mouvement au large, son hélicoptère Panther est prêt à décoller.

Blondin a fini par s'endormir après des heures à réclamer en vain quelque chose à manger. Dans un petit local mitoyen, les trois geôliers attendent. Quoi ? Un feu vert qui tarde à venir…

— Comment tu vois le truc, Merlin ?

« L'alchimiste » observe le vaste hangar et tous ces sacs de blé empilés. Aucune vision de l'ensemble. Il aurait fallu un drone pour le survoler, mais il aurait été vite repéré. Un engin terrien paraît plus adapté. Qu'est-ce qu'il y a derrière tous ces sacs ? D'où proviennent-ils ? Des silos contrôlés par les loyalistes ? Qui donc a organisé ce trafic ? Certains sacs sont éventrés et des graines se déversent sur le sol. « Un festin pour les bestioles », se dit Merlin. Çà et là, la tôle du toit a été arrachée laissant apparaître des morceaux de ciel étoilé.

— Ça fait combien de temps que ça pourrit là-dedans ?

— Depuis le dernier embargo, il y a trois mois.

— Faut qu'on accède à la mezzanine sur le côté… Y'a toutes les chances pour que Mako soit retenu là.

— Tu crois que ton engin peut se frayer un chemin dans ce bordel ?

— Il va bien falloir…

*

*   *

C'est quoi, ce bruit ? Blondin s'est réveillé en sursaut. Elles viennent chercher de la nourriture pour leurs enfants, pense-t-il. Pourquoi retenter le diable ? Elles n'ont sans doute pas le choix. « Qu'est-ce que je ferais, moi, si je devais risquer ma vie pour nourrir mes petits ? » se dit-il. La même chose. L'autre jour, l'une d'entre elles a sauté sur une mine... Elles ont compris le danger de s'aventurer par là. L'explosion a fait trembler le mur. Un cri, puis un râle. Ça le hante encore... « Comment on va réconcilier tout le monde ? » se lamente-t-il. Une manière de ne pas penser à son propre sort... Blondin a l'âme d'un humanitaire. Ce qui lui arrive fait partie de son métier. « J'en accepte les risques... Si je m'en sors, je repartirai encore et encore... » Depuis l'explosion de l'autre jour, plus rien. Il a même perçu un relâchement dans la surveillance. « Les mecs se disent qu'avec cet accident, plus personne n'aura envie de s'aventurer de ce côté-ci du port. La zone est réputée minée. Mais ce soir, il sent à nouveau de l'électricité dans l'air. Une angoisse l'étreint. Et si on l'avait oublié ? Si on allait l'échanger indéfiniment et qu'il crève avant qu'on le retrouve ? C'était quoi, cette nouvelle explosion ? Une autre femme venue récupérer un sac de blé pour nourrir ses enfants ? C'est bien ça ? Ou alors une tentative de libération ? Il n'a jamais eu le fin mot de l'histoire. Les mots lui manquent, il parle anglais et ses geôliers feignent de ne pas comprendre... « Ces bâtards comprennent tout ! » fulmine-t-il. Exécutants, ils attendent les ordres. Mais qui est derrière tout ça ? « Des petites frappes qui ont touché le jackpot et qui font monter les enchères ? Quel groupe se cache derrière tout ça ? » Le Français est en boucle. On lui a tout confisqué. Les mecs se sont renseignés sur son identité, il ne peut que prendre de la valeur. Plus on tarde à le libérer, plus sa cote augmente. Saura-t-il un jour combien il a coûté ? Il a déjà été échangé trois fois en moins d'un mois. « Quel rôle a tenu Fayçal dans tout ça ? » Le pick-up est reparti ce matin. Fin du voyage ? Mais plus personne ne rentre ni ne sort depuis que cette pauvre femme s'est fait exploser. Il ne sait pas si on a dû l'amputer. Peut-être qu'elle est morte ? Ce n'est pas de sa faute… les mines ont été posées avant son arrivée. C'est à cause de la guerre. Cette foutue guerre qui oppose Houthis et forces pro-gouvernementales. « Ça fait faire des conneries tout ça… » Résultat : des tonnes de nourriture sont en train de pourrir dans ces hangars. « C'est la population qui trinque… » Ce que Blondin ne sait pas, c'est qu'il est devenu un poids dont il faut se débarrasser. Peut-être que tout le monde s'en fout ? Sa survie dépend de ces trois inconnus qui continuent de lui apporter à manger. Le strict minimum, certes, mais si ces trois hommes l'abandonnent ici, il ne donne pas très cher de sa peau. Il n'a même plus faim. Il attend. Quoi ? Il l'ignore lui-même. Ça doit toujours être comme ça quand on est privé de liberté. On n'a plus la force de se révolter. On a intégré le fait d'être une marchandise dont la valeur varie selon l'offre et la demande. Les jours de forte chaleur, il étouffe dans ce placard. Des odeurs pestilentielles remontent jusqu'à lui. Il ne doit donc pas être loin de la halle aux poissons où se déverse quotidiennement le produit de la pêche. Les retardataires pourraient-ils l'entendre s'il se mettait à crier ? Mais ses geôliers le lui feraient payer, et peut-être qu'une fois de plus ils le déplaceraient. Il ne sait plus. Ça peut être aussi une chance de se faire repérer. De les pousser à la faute. Il a remarqué que le plus jeune des trois hommes commence à montrer des signes de lassitude. Pourquoi tarde-t-on à l'échanger ? Est-ce le moment de mettre un coup de pression ? Le soir, l'angoisse l'étreint. Il a peur que tout ça finisse mal. Il se dit qu'un des trois peut péter les plombs, le poignarder pendant son sommeil, l'empoisonner. Ou alors il va moisir dans ce gourbi humide et sans lumière et finir par attraper la mort. Il s'est habitué à l'obscurité. Ses lectures de jeunesse l'ont sauvé. Le comte de Monte-Cristo enfermé sur son île d'If et qui s'en est sorti. Mais lui n'a pas de voisin de cellule qui pourrait l'aider à s'évader. Juste des rats qui grattent sur la paroi et s'aventurent dans son réduit. Il prie pour que ce soit sa dernière nuit ici. Crier ? Mais pour alerter qui ? Qui aurait l'idée de s'aventurer dans ce coin réputé miné par les Houthis ? Ses geôliers, rivés sur leur messagerie, attendent un feu vert en mâchouillant du khat. Ils vont en manquer. Ils scrutent l'horizon eux aussi, dans l'espoir que cette nuit soit la dernière.

*

* *

— Le Rover est rentré, il y a du mouvement du côté des bateaux de pêche, confirme Boris.

— Pas trop tôt... se réjouit Robin.

— On continue d'investiguer avec le chimiste.
— On coupe, intervient Tom.

Pas question d'envoyer Max et Lucky sur ce terrain-là. Sur le front de mer, Ari et son équipe observent. L'embarcadère est désert. Les derniers pêcheurs ont quitté la halle aux poissons. Les nageurs sont sur leurs gardes.

— Tu vois quelque chose ? demande Kim.

— Que dalle... Le bateau est au mouillage. Aucun signe, ça ne m'étonnerait pas que l'échange se fasse finalement sur la terre ferme.
— Mate du côté du phare...
— R.A.S.
— Dans l'axe, sur la pointe de la presqu'île...
— La zone est plus claire...
— Un feu...
— On bouge !

Bientôt trois heures du matin. « Les nuisibles ont détalé », songe Boris. Le binôme approche tout doucement. Leurs deux silhouettes slaloment au milieu des caisses et des sacs de céréales. Ils respectent scrupuleusement le tracé du robot qui a préparé le terrain. Une première porte, c'est celle des geôliers ! Coup de bol ! Au fond du petit couloir, c'est celle de l'otage. Ils vont revenir, ils ont besoin de renfort. Blondin doit être dans la pièce d'à côté. Merlin fait signe à Boris de reculer. Faire péter la serrure ? Impossible. Ils vont être tout de suite repérés. À vue d'œil, quelques grammes suffiraient pourtant à la faire sauter. Le commando s'approche. Elle est entrebâillée. Les deux hommes se regardent. Merlin pousse la porte. Sur le lit, personne. Un homme est étendu sur le sol. Il ne respire plus.

— Mako s'est fait la malle, lui fait signe Boris.

Blondin doit s'arrêter. Trop d'air, trop d'iode. Il ventile, son cerveau sature. Cela fait des jours qu'il n'a pas respiré à pleins poumons. Le bâtiment s'efface derrière lui. De quel côté aller ? Au loin, les bateaux... Il opte pour l'embarcadère. Boris et Merlin sont ressortis. Personne. La nuit l'a rapté.

— Il est capable de se jeter dans la gueule du loup...

— On a des mecs un peu partout, Capitaine, on va l'intercepter avant l'aube, assure Tom.

— On a intérêt... C'est eux ou nous.

« Salaud de Fayçal, crève et plutôt deux fois qu'une, bâtard ! » Blondin s'en veut de ne pas s'en être assez méfié, « Maintenant il s'agit de ne pas se refaire choper. » Où aller ? Qui croire ? Attendre le jour ? C'est peut-être la meilleure solution... Dès qu'il apercevra les pêcheurs embarquer dans leurs dhows, il sortira de sa planque. Il faut à tout prix qu'il regagne le centre-ville et son hôtel. La porte d'un des bâtiments qui longent l'embarcadère est ouverte. Il retrouve ses repères en quelques coups d'œil. Il avait coutume de fuir Hodeïda et lui préférer ce petit port de Salif. Comparer les étals, marchander le poisson en temps de paix. Observer les nuques sombres des hommes de la mer, brûlés par le sel et le soleil, enrouler les filets, empiler les cageots, mordre dans la chair des requins avec leurs grosses lames aiguisées à même la pierre et répéter sans cesse les mêmes gestes.

— Aucune trace de Mako ?
— Il s'est volatilisé, Capitaine.
— On a intérêt à le retrouver avant les autres... songe Tom.

Blondin respire. Des semaines qu'il n'a pas humé cet air sec et chargé d'iode. Il voudrait longer la côte, continuer de marcher, ne plus s'arrêter. Mais il sait que ses ravisseurs ne vont pas tarder à découvrir Fayçal et qu'ils vont très vite se lancer à ses trousses. Face à la mer, de grands étals en enfilade offrent aux pêcheurs la possibilité d'exposer leurs prises de la matinée. Pas un rat encore, mais une forte odeur fétide qui le prend à la gorge. Où se cacher ? C'est la seule zone où *a priori* il ne risque pas de sauter sur une mine... Un peu plus loin, il repère des caisses de matériel qui seront embarquées le lendemain sur les bateaux, ainsi que des filets et quelques bidons poisseux. Il jette un œil derrière le petit muret ocre qui délimite la zone de vente et l'embarcadère, avec ses sambouks, zarougs et autres barques colorées prêtes à prendre la mer comme au temps de Kessel. Pas l'ombre d'un pêcheur pour lui offrir l'hospitalité. Il hésite... Se cacher au hasard dans une cale de bateau ? Un petit grincement régulier attire son attention. Une trappe entrouverte lui offre une cache providentielle en attendant l'aurore. Il s'y engouffre. Une odeur de moisi lui saisit les narines. Son poids fait céder les marches qui le séparent d'une terre battue inhospitalière.

— Merde ! On a perdu la source de chaleur... annonce Tom à Robin qui vient de repérer une forme qui se déplace.

— Boris ? Tu confirmes ?

— Affirmatif, Capitaine ! Elle a disparu près du transfo.

— La zone est claire ?

— Ça fait quelques jours qu'il n'y a pas eu d'échange de tirs entre les deux camps, mais ça veut rien dire...

— Ari et ses hommes sont à moins de 200 mètres et sécurisent le rivage...

Nico et Eddy ne lâchent pas Robin et ses camarades d'une semelle.

Le soleil est encore caché sous l'horizon. Une course contre la montre est engagée. Dans une heure tout au plus, il faudra à nouveau se planquer. Blondin hésite. Impossible de bouger. Il s'est vraisemblablement cassé la jambe en tombant dans ce trou qui a toutes les caractéristiques d'une cave. Il pourrait ramper jusqu'à la sortie de ce piège dans lequel il s'est lui-même fourré. Mais qui viendra le chercher ? Il n'a ni à boire ni à manger. Il sent le goût du sang dans sa bouche. Son nez le lance, il a l'air cassé. Son genou aussi. C'est peut-être juste une grosse entorse. Il rampe, tâtonne, bras en avant. Toucher quelque chose. « Mes yeux vont s'habituer. » Il repense à Monte-Cristo. La porte de la trappe est restée ouverte et quelques rayons de lune vont lui permettre bientôt de distinguer ce qui est empilé dans cette cave. Appeler ? Qui ? « C'est à double tranchant... » songe-t-il. Indiquer sa présence, oui... mais à qui ? Pêcheurs ? Trafiquants ? Rebelles ? « Mon espérance de vie va dépendre des premiers mecs qui vont me repérer... »

Robin scrute la nuit. Tom le suit. « Le mec s'est enfui, il doit se terrer en attendant le jour. On doit le faire sortir de sa tanière... » Il pense à son chien Tuck, à Fox, prompt à la ruse, qu'il n'a pas eu le temps d'apprivoiser. Lui aussi sent qu'il a besoin de regagner sa tanière... « Ma terre sainte... elle me manque... » Ce n'est pas le moment. Exfiltrer Blondin sans même un échange de tir ? Ça va être compliqué. « Ça bouge du côté des silos », lui a indiqué Nico. *A priori* Mako n'a aucune raison de sortir de sa cachette... à moins que... Le vent se lève, saturé de sel qui pique un peu les yeux... Le bruit des vagues leur parvient aux oreilles. Par cercles concentriques, ils réduisent de minute en minute la zone de recherche. Geoffroy et Ronan sont positionnés... Robin compte sur une exfiltration par la mer. Une fois n'est pas coutume.

— De combien de temps on dispose pour récupérer Mako ? chuchote-t-il.

— En théorie, Capitaine, dans trente minutes le jour se lève... On devrait être déjà loin, lui indique Tom.

— Et en pratique ?

— On part sur vingt minutes !

— On se fait la criée et on se casse... On ne va pas faire l'impasse...

— Bien reçu, Capitaine...

Blondin gît en bas du petit escalier. Trois petites marches à remonter, le bout du monde. Le goût du sang stagne au fond de sa gorge et son mal de tête irradie jusque ses cervicales. « Un putain de nez cassé, ça fait mal... » Impossible de bouger. « Et puis si je sors, qui me dit que je ne vais pas me jeter dans la gueule du loup ? » Il ne se demande pas à quoi sert cette cave. Il n'a pas la force d'ouvrir une des caisses entreposées. Des armes ? Du matériel de pêche ? Peu importe ! Sauver sa peau, c'est la priorité. Une ombre, puis deux passent. On le recherche. Serrer les dents, ne pas respirer fort.

— C'est mort... fait Tom en croisant les deux bras.
— Stand-by.
— Tu penses à quoi ?
— À la trappe.
— Laquelle ?
— Celle qu'on a dépassée, elle n'était pas fermée...
— Elle aurait dû être fermée ?
— Oui.

— Préviens Ronan, on a besoin de deux ECUME, ils ont cinq minutes pour rejoindre Ari et Kim !
— Bien, Capitaine.

Au loin, Nico et Eddy distinguent Robin, Boris et Merlin faire demi-tour. Ils longent le petit muret, sans qu'une seule tête dépasse.

— Si ça tire, on tire !
— On met le paquet, oui !

La trappe est restée ouverte. Robin hésite. Ça sent le traquenard. Il fait signe à Merlin de diffuser un gaz incapacitant. En bas, ça tousse. Pas de mouvement. Robin comprend. Il fait signe à Boris de le suivre, Merlin les couvre.

— Tu prends Mako ! lui lance Robin.

Les deux hommes ramassent le Français à moitié conscient, quand une balle vient se nicher dans la cuisse de Robin. Une pluie de balles s'abat sur les trois commandos et sur Mako. Merlin s'écroule, Robin se jette sur lui. Pas le choix, Boris s'agenouille, saisit le bras de l'ingénieur et le cale comme un sac sur sa large épaule. « Mettre Blondin à l'abri, et puis récupérer les frères », c'est dans cet ordre, c'est la procédure à appliquer : l'otage en premier. Nico cherche à repérer d'où viennent les rafales. Il se tourne vers les terres, ça ne vient manifestement pas de la mer. Du Silo 1 peut-être ?

— On remonte ! On sécurise ! lance Ari à ses nageurs, en les orientant vers les ECUME.

Ronan est prêt à réceptionner ses co-équipiers. Ça a bien canardé. Elliot s'inquiète du nombre de blessés. Deux ? Peut-être trois. Le poste médical de la frégate est à moins de deux nautiques. Espérons que les blessures par balles ne sont pas trop mal placées… Boris dépose Blondin tout près de l'infirmier. Une douleur vive lui arrache un cri. Le jour rougeoie comme le sang qui s'échappe de son épaule tandis que les embarcations rapides se positionnent déjà pour reprendre la mer. Deux frères d'armes manquent à l'appel.

— Merlin ? Robin ? s'écrie le pilote.
— Trop tard ? interroge Tom du regard.

— Tu crois que Robin abandonne un de ses hommes ? Compte pas sur ça !

Boris, à bout de forces, fait signe à ses camarades. Il sent l'adrénaline remonter comme un shot dans ses veines. S'il reste une chance, c'est maintenant ! Tom s'élance, le droniste lui emboîte le pas. Avec un peu de chance, Merlin a pu ramper et se protéger. Nico et Eddy les renseignent en temps réel. Un groupe d'une demi-douzaine d'hommes se dirige vers eux. « Et si faut lui faire une intra-osseuse... » hésite l'infirmier. Hors de question de les abandonner.

— Tu sombres, je sombre ! crie Robin à son ami.

La pluie de balles reprend, tandis que le soleil redonne vie au port de pêche. Les commandos arrosent la zone et font reculer les assaillants. Robin tire son ami à l'abri des impacts et plonge sa main sous sa mâchoire. Un faible pouls file sous ses doigts. « Pas trop tard », se rassure-t-il.

— On s'arrache, Capitaine ! entend-il derrière lui, soulagé de voir que ses amis ne les ont pas laissés sur le carreau.

— Il était moins une !

Quelques centaines de mètres les séparent du rivage et de leurs compagnons.

Robin sent l'énergie de Tom, Elliot, Boris, la force de vie de Merlin, tout près de lui. Ari, Kim, Carlos, Luka, Eddy, Nico, Max, Lucky ne sont pas loin non plus.

Il pense à *Koban*, sa terre sainte nichée à l'extrême pointe de son île battue par les vents. Il la partage avec une colonie de mouettes et de cormorans. Tuck l'attend, perché sur la falaise, le regard perdu vers l'horizon.

REMERCIEMENTS

Parce que les histoires de ce livre n'auraient pas pu sortir de mon imagination sans l'aide de toutes ces compétences, je tiens à remercier chaleureusement :

La Marine nationale représentée par :

- Son chef d'État-Major – amiral Christophe Prazuck ;
- Contre-amiral Christophe Lucas, commandant la FORFUSCO ;
- Contre-amiral François Rebour (ALFUSCO jusqu'en août 2018) ;
- Le capitaine de vaisseau Bertrand Dumoulin, commandant du SIRPA Marine ;
- Le capitaine de vaisseau Samuel M., chef d'État-Major d'ALFUSCO ;
- Les commandants des Commandos Kieffer, de Penfentenyo, Ponchardier, Jaubert, Hubert ;
- Le commandant de l'École des Fusiliers marins, le directeur du département Commando, ainsi que tous les Opérateurs commandos qui m'ont ouvert leur porte ;
- Le pacha du stage commando de l'École des Fusiliers marins et commandos, ainsi

que tous les instructeurs qui ont bien voulu témoigner ;

- Les opérateurs CTLO (Contre-terrorisme et libération d'otages) du Commando Jaubert ;
- Les cellules NRBC, Drone, Cynotechniques du Commando Kieffer ;
- La cellule Secourisme au combat de l'École des Fusiliers marins ;
- Les moniteurs EPMS et les instructeurs Tir de l'École des Fusiliers marins ;
- Le bureau TAP (Troupes aéroportées) de l'État-Major ALFUSCO ;
- Les membres des sections lorientaises des amicales des nageurs de combat et des fusiliers marins et commandos ;
- Le capitaine de vaisseau Pierre Roty ;

Ainsi que :

- Jean-Dominique Merchet, journaliste à *L'Opinion* et pacha du Blog Secret-Défense ;
- Vladimir de Gmeline, grand reporter à l'hebdomadaire *Marianne ;*
- M. Marc Japiot ;
- Le contre-amiral (2S) Hubert de Gevigney, ancien commandant du Commando Jaubert
- M. Jean-Michel Jacques, député du Morbihan.

TABLE

13188

Composition
NORD COMPO

Achevé d'imprimer en Slovaquie
par NOVOPRINT SLK
le 13 décembre 2022.

Dépôt légal : avril 2021
EAN 9782290249857
L21EPLN002934-560358/R1

ÉDITIONS J'AI LU
82, rue Saint-Lazare, 75009 Paris

Diffusion France et étranger : Flammarion